新しい自分に目覚める4つの質問

ストレスや苦しみから自由になれる「問いかけ」の力

QUESTION YOUR THINKING, CHANGE THE WORLD

バイロン・ケイティ 著
ティム・マクリーン＋高岡よし子 訳

ダイヤモンド社

QUESTION YOUR THINKING,
CHANGE THE WORLD
by
Byron Katie

Originally published in 2007 by Hay House Inc. USA
Japanese translation rights arranged with Hay House UK Ltd.
through Owls Agency Inc.

訳者まえがき

本書は、世界中の数百万に上る人たちをストレスや苦しみから解放してきたバイロン・ケイティによる「知恵の言葉」を事例と共に集めたものです。

バイロン・ケイティの主な著書はいずれもベストセラーとなり、大きな反響を呼んでいます。ケイティが開発した「ワーク」は、ストレスになる考えに対し、「4つの質問と置き換え」を使って取り組むことで、視野が広がり、心が楽になり、問題解決への道筋が見えてくる、シンプルながら画期的な手法です。わずかな時間で劇的な効果が得られると高い評価を受け、一般の方のみならず、心理療法やコーチングなどの専門家さえもが驚き、多大な関心を寄せているのです。とはいえ、「ワーク」はカウンセリングやコーチングの技法ではありません。複雑な理論を学ぶ必要もありません。誰もが日常で活用できる方法なのです。

しかも悩みや問題の解決だけでなく、自分の可能性を制限しているビリーフ（信じている考え）に取り組むことで、心が安定し、クリアな意思決定や主体的な行動につながります。「ワーク」は人の可能性を大きく広げ、成長させる素晴らしい方法でもあるのです。

それではバイロン・ケイティとは、どのような人なのでしょうか？——現在七〇歳になった彼女は、恐れをもたない、明晰な意識の持ち主でありながら、同時に、どんな人でも温かく受けとめてくれるような優しさとユーモア感覚を兼ね備えています。そんな彼女も、四三歳の時に「目覚めの体験」をするまでは、大変な人生でした。南カリフォルニアの小さな町に住むビジネスウーマンで、二度の結婚を経て、三人の子供を育てていましたが、一〇年にわたり、怒りや妄想、絶望がひどくなるばかりで、自殺衝動に駆られることもよくありました。しかもその内の二年間は、ひどい鬱状態のため、めったに家から出ることすらできない状態だったのです。子供たちは、母親の逆鱗に触れることを恐れ、びくびくしていました。そしてついにケイティは、保険が唯一使えた、摂食障害の療養施設に入ることになるのですが、ここでも周囲の人たちから恐れられ、屋根裏部屋に入れられました。

そして入所から一週間ほど経った、一九八六年のある日の朝。自分はベッドに寝る価値すらないと、床に横たわっていたのですが、彼女は突然、目覚めます。あらゆる苦しみは、自分の考え――「私の人生は最悪だ」、「私は幸せになる資格がない」など――から来る、と。状況そのものが苦しみをもたらすわけではないのです。そのことに気づいた時、笑いがこみ上げてくるほどでした。

「自分の考えを信じる時は、苦しむ。信じない時は、苦しまない」――それはとてもシンプルでありながら、人生を一変させる普遍的真理でした。すべての怒りや悩み、そして当たり前のように信じていた「私の世界」が消え、自分と分離しているものや、受け入れられないものが何もありませんでした。すべてが、ただありのままの姿で存在しているのです。

仏教を含む、多くの宗教や哲学では、こうした体験をさまざまな言葉で呼んでいますが、ケイティは、「現実に目覚めた」と表現しています。

彼女が自宅に戻ってきた時、その変化は明らかで、家族や友人にとって、別人のようになっていました。感情的で攻撃的だったケイティがすっかり穏やかになり、幸福感に包まれていたのです。

まもなく噂が広まり、どうしたら彼女のようになれるか、学びたいという人たちが訪ねてくるようになりました。ケイティは親身に相談に乗っていましたが、その数が増える一方だったため、誰もが自分でできるようにと、彼女自身の「内面の問いかけ」を「ワーク」として体系化しました。さらにワークを通じて驚異的な変化を遂げた人たちについての話が広まると、ケイティはさまざまな団体や企業、教育機関、病院、刑務所などに招かれ、ワークショップを行うようになりました。

ケイティは、「目覚めの体験」の後、とくに二、三年にわたり、次から次へと浮上してくる、ストレスをもたらすビリーフに集中的に取り組みました。「お母さんは私を拒絶した」、「人は信頼できない」、「夫は私を理解すべきだ」、「上司は私のことを尊重してくれない」、「政治家は腐敗している」といったような考えです。それはあたかも、人類がこれまで体験したすべての考えが押し寄せてくるようでした。時代を超えた、あらゆる人間の苦しみの中に彼女自身の苦しみも見出しました。ただし以前と違って、そうした考えに反応するのではなく、「それは本当でしょうか?」というワークの最初の質問を通じて、理解をもって受けとめることができたのです。

ワークの助けにより、生きることに深い安らぎと喜びを見出せるようになり、それはずっと続いているとケイティは言います。ケイティはさまざまな状況においてワークの力を確認しました。たとえば、飢えについてのビリーフに取り組むために、長期間にわたって断食したこともあります。死を目の前にした母親をケアし、最期を看取った時には、病気や死にまつわるビリーフにも取り組みました。ある時は、ケイティがお腹に銃口をつきつけられ、殺すぞと脅されても恐れにもっていかれることなく、落ち着いて相手を説得したこともあります。また、刑務所の受刑者向けのワークでは、怒りのコントロールが難しかった人が、ビリーフから解放されて心が落ち着くようになり、相手から挑発されてもケンカをしなくなりました。ユダヤ人とアラブ人の間の葛藤のワークも行っています。一方、企業においては、ビジネス・リーダーたちが、恐れや不安から解放されたクリアな意識で重要な判断ができるようなサポートもしています。日本でも一般の方々や企業、経営者など、多くの方々が恩恵を受けてきました。

本書の「知恵の言葉」は、こうした彼女の深い人生経験の中で紡《つむ》がれてきたものです。さまざまなビリーフや「ストーリー」を超え、透徹した眼で世界を見、一瞬一瞬を新鮮な体験として生きる彼女の姿勢が伝わってきます。

本書の活用のしかたとしては、最初から順番に読むこともできますし、折りに触れ、気になるテーマを扱った章から読んでいただいても結構です。最初からワークの具体的なやり方をつかもうとするよりも、各章の冒頭にある事例を読み、ワークの意味を大まかにつかんでいただいた上で、ケイティの言葉を読み進めていただくことをお勧めします。

すぐに共感できることもあれば、これまで考えたこともなかったり、自分の認識とは違う内容も含まれるかもしれません。その場合は、パッと反応するのではなく、心の深いところに落としてじっくり探求してみることをお勧めします。ケイティはワークのことを、「瞑想のようなもの」と言っています。また、ワークについて頭で理解したつもりになっても、実際のワークはまた別です。こんな簡単な方法で効果が出るはずがない、とか、このワークのねらいはこういうことだろう、などとワークについて考えるだけでなく、実際に取り組んでみることをお勧めします。

具体的なやり方は、本書の最後にある「ワークのやり方」をお読み下さい。ただし、本書を読み進めている途中でも、ワークを実際に試してみたくなり、具体的なやり方を知りたいと思われる場合は、先に「ワークのやり方」の説明を読み、実践していただくこともできます。

ワークにおいては、考えを変えようとする必要はありません。探求することで、真に意味のある答えが見つかるのです。

本書で紹介された言葉が読者の皆さんの心に響き、ワークの力がそれぞれの人生に、そして世界に新しい可能性を開いていくことを心から願っています。

高岡よし子

※本書は原著者の承諾のもと、日本語版として独自の構成となっており、各章の冒頭に事例が付け加えられています。また、「ワークのやり方」は、ケイティの考えをベースに訳者が付け加えました。

日本の読者の皆さんへ

本書は、これまでの私の公開セッションでのやりとりや話したこと、書いたことの中から、とくに役立ったという声が寄せられた文章を編纂したものです。その中にあなたが見出す知恵は、「ワーク」と呼ばれる方法によって自分の考えに問いかけをすることで、ご自身の中に見つかるものでもあります。「ワーク」というのは、4つの質問と「置き換え」からなります。あらゆる苦しみをもたらす、ストレスとなる考えに問いかけを行うことで、あなたは自分の世界を変えることができますし、世界全体をも変えることができるのです。

人は、外に問題があると考えます。「私の夫が、話を聞いてくれさえしたら」、「私の妻が理解してくれたら」、「両親が私のことをもっと愛してくれていたら」、「上司が私のことをもっと認めてくれさえしたら」、自分は幸せになるだろう、と。けれどもそれでは、問題に対するアプローチのしかたが逆なのです。外にあるすべてのものは、あなた自身の考えを映し出したものです。恐れを通じて世界を見れば、不当で危険なものに見えます。心がクリアな状態で世界を見たら、いつも美しく、完璧に安全です。これはたんなる考え方ではありません。ワークを通じて、自分自身で体験できるのです。

本書はテーマ別に構成され、「はじめに」に引き続き、第1章「人間関係」、第2章「親子関係」、第3章「仕事とお金」、第4章「生老病死」、第5章「気づきを生きる」となっています。各章では、そのテーマについて、まず私がワークを行った事例を紹介した上で、私のさまざまな文章を掲載しています。

本書が、日本の皆さんの心を解放しますように。そのためには、心静かになり、ストレスを生む考えに問いかけをする必要があります。この本の中で重要と思われる箇所を見つけたら、ぜひご自身でワークを体験してみて下さい。必要なものは、紙とペンとオープンマインドだけです。

バイロン・ケイティ

新しい自分に目覚める4つの質問　目次

訳者まえがき i
日本の読者の皆さんへ vii
はじめに 1
ワークについて 2
考えを紙に書き留める 3
4つの質問と「置き換え」 6

第1章 人間関係——パートナー、恋人、友人などとの関係をとらえ直す……9

事例1 「彼女は僕を幸せにするべきだ」——それは本当でしょうか？……11
答えはあなたの中に 21／愛は何も求めない 21／共感を欲するたびに 21／パートナーは最高の先生 22／相手に怒りを感じる時 23／自分をまったく無防備な状態に置いてみる 24／私の愛は「私の領域」 24／相手が自分を理解してくれない時 25／現実と闘うと、心に痛みを感じる　26／あなたが共にいる人を愛することができれば、自分を愛することになる　26／あなたは愛されない存在？　27／「恐れ」から行動していませんか？　28／相手の欠点をどう受けとめるか　29／思いやりのない相手との関係に悩む人へ　30／私たちは人に執着しているのではなく、考えに執着している　31／自分を認めてもらおうとしない　32／夫婦であっても、相手の問題は「私の」問題ではない　33／自分のことを愛してほしいとパートナーに望む時　34／夫の承認を求めるのは、思いやりのないこと　35／相手に求めるのをやめれば、愛することができる　36／微笑みをたやさず、いつも自由だとしたら……　37／私があなたを愛することに、あなたは何の関わりもない　38／自分自身の被害者にならないで　39／愛はあなたの本質　40／本当の愛とは、互いのストーリーを気に入ることではない　41／あなた自身を愛することから……　42／人から愛を求めるのは、苦しいこと　43／誰かに傷つけられたと感じたら……　44／感謝を生きる　45／勝つことは負けること、負けることは勝つこと　46／「愛を失う」という選択肢はない　46／夫とうまくいかない妻へ　47／真の友人とは？　48／あなたから離れることができるのは、あなただけ　49／一緒に暮らした相手が出て行ってしまった女性に　50／妻の恋愛を知った夫は……　51／人が、あなたを失望させることはできない　53／人から幸せをもらうことはできない　54／「思いやり」と「痛み」　55／ストーリーがなければ自然に動く　56／いつもパートナーを求めている人へ　57／夫に自分を愛してほしいと望む女性へ　58／ワークをする必要があるのは自分　59／パートナーに去られた人へ　60／自分を愛せないと苦しむ人へ　61／いい人間関係を築くには？　62／ストーリーがなければ、あなたは自由になる 63／離婚に悩む女性へ 64／どこまで付き合いを深めるべきか、迷っている人へ 65／愛は何も拒まない 66／私たちはすでに、すべてをもっている 67

第2章 親子関係——難しい関係に新しい視点をもたらす

……69

事例2 「お母さんは支配的だ」——それは本当でしょうか？

……71
親は問題ではない 77／たとえ不愉快なことでも…… 77／母親に愛されなかった女性へ 78／子の幸せを願う親へ 79／子供を愛せないと悩む親へ 80／親の干渉に悩まされている人へ 81／親は子供に認めてもらうことはできない 82／「幼い子供にワークが理解できるでしょうか？」 82／子供の話を、ただ聞いてほしい 83／夫が子供の面倒を見ない、と不満な妻に 84／私は喜びそのもの 85／夫がパソコンに夢中で家族と過ごさない、と困っている女性に 86／私がかつて信じていた宗教 87／誰もあなたの言うことを聞かない 88／子供に大嫌いと言われたら？ 88／血縁上の母親にとらわれないで 89／子供に「お母さんのバカ！」と言われたら…… 90／親から与えてもらいたいと思ったことを、自分自身に与えることができるでしょうか？ 91／自分が自分の母親になる 92／母親からの愛情を感じられない人に 93／求めているものを母親から得られない時 94／母親と意見が異なる時 95／苦しんでいる息子を助けたい母親へ 96／母親との葛藤を抱える人へ 97／お母さんにしてほしいことをリストアップしましょう。そして…… 97／シングル・ファーザーへ 98／家族の中の駆け引きが、よりよい関わり方に変わる 99／子供に自分のことを愛してほしい時 100／子供にアドバイスを求められたら…… 101／問題が始まるのも終わるのもあなたから 101／離れて暮らす子供から電話ひとつないと嘆く親へ 102／子供たちに感謝がないと腹を立てている親へ 103／子供に暴力をふるったことを後悔している親へ 104／子供の領域に入り込まない 105／「子供にアドバイスしないのですか？」105／娘が自殺した親へ 106／自分自身から学ぶことで、賢明な「教える人」となる 108／自分の存在が、幸せそのものであることを感じる 109／私の問題に責任があるのは、私 109／私の娘が荒れていた頃 110／彼らの苦しみは「彼ら」の領域 112／親と対立する子供へ 113／自分の子供とのワーク 114／自分の親とのワーク 115／亡くなった親に対するワーク 115／子供が問題なのではない、私こそが問題 116／原因と結果の法則 117／ワークに取り組むことで、初めて親のことを知る 117／親が自分を認めてくれない、と悩む人に 118／自分自身への「置き換え」を生きる 119／家族の信頼を得る 120／愛は傍観しない 121／今日からは、自分自身のことを 122／ただ、愛をもって見守る 123／子を亡くした親へ 124／死についてのストーリーの奥にあるもの 125／愛していることを認める 126／そこにいたのは、親に見せかけた「神」127／子供に対する執着とは？ 128／親の心が静かになれば…… 129／すべてはあなた次第 130

第3章　仕事とお金にまつわるストレスを減らす……133

事例3　「あなたにはもっとお金が必要だ」——それは本当でしょうか？……135

変える必要があるのは、私たちの考えだけ 140／お金に執着しなくなると、お金があなたを見つける 141／あなたの本当の仕事とは？ 142／望みは自由であること 143／なぜ物に執着するのか？ 144／仕事に頼らない 145／お金を介在させずに、ただ喜びを感じる 146／自分の財産を安全に守りたい人に 147／お金は空気のようなもの!? 148／働きたいと思って働いてきた 150／「貧富」は、あなた自身の頭の中に 150／あなたはお金をコントロールしているわけではない 151／執着しているのはビリーフだけ 152／「その時」が来ることはない 153／お金は何もせず、そこにあるだけ 154／目指している職業があるのに、うまくいかない人へ 155／仕事で認められたい人に 156／転職を迷っている人に 157／「成功」したい人へ 158／仕事が辛い人へ 159／アシスタントに不満なのに解雇できない重役 160／あなたの恐れは……162／物を売るために唯一重要なスキルとは 163／何についても気にかける必要はない 164／お金を必要としていますか？ 165／失業の不安を抱える人に 166／子供にお金をあげたのに感謝されないと嘆く人へ 167／お金を失った人に 167／夫が事業に失敗した妻へ 168／部下を解雇すべきか迷っている経営者に 169／経営者の心が明確であれば…… 170／人は間違いを冒すべきではない？ 171／あなたがもつべきお金は？ 172／豊かさとは？ 173／人生の喜びは、執着からの解放 174／今、幸せになるのは簡単 175／考えを片づければオフィスも片づく 176

／人生は心の中にある　177

第4章　生老病死──老いや病、死をどう受けとめるか……179

事例4　「僕は死を受け入れることができない」──それは本当でしょうか？……181

現実は常に優しい　188／常に現実に対して「イエス」と答える　189／私の苦しみは体のせいではない　190／体は「私の領域」ではない　191／体は頭にしたがう　192／あなたにとっての「正常」とは？　193／今のあるがままで　194／未来から解放されれば、自由になれる　195／考えに対する執着が問題　196／体のことは忘れて、できることに取り組みましょう　197／自分の容姿が気になる人に　198／意識には制限がない　199／肩痛に苦しむ人に　200／痛みは素敵な訪問者　201／体にいい食べ物を家族に食べさせたいのに……　201／「神話」やストーリーがなければ……　202／健康法もビリーフになり得る　203／飲酒について　204／私たちは「今、ここ」で幸せになれる　205／痛みは過去のストーリー　206／例えば交通事故で足を失ったら……　207／病気とスピリチュアリティ　208／何が起きても「いい知らせ」　208／体が危機状態に陥った時　209／「こうあるべき」と考えた時、私は「私の領域」から離れる　210／癌を告知された人に　211／ストーリーなしに腫瘍を見る　212／不眠に苦しんでいる人へ　213／現実を愛する人は、あらゆるものを楽しみにする　213／太りすぎを気に病む人へ　214／事故で腕を失った人へ　215／本当のあなたは生も死も超えている　216／死に対する恐れとは？　217／どんな現実も愛するということ　218／死の床にあって幸せを感じた人たち　219／死は自分だけでやり遂げる　221／意識が死ぬことはない　221／最愛の夫を亡くした女性のワーク　222／母を看取って……　224／死に対するワーク　226／失うものは何もない　227／目覚めた意識として、たえず生まれ変わる　228

第5章　気づきを生きる

……231

事例5　「企業は思いやりがない」――それは本当でしょうか？　……233

苦しみを抱えているあなたに　243／ワークは常に、本来の私たちに戻してくれる　244／ストレスの感覚が教えてくれること　245／現実は変えることができない　246／あなたを「あるがまま」から切り離すもの　247／不快な感情は、優しい目覚まし時計のようなもの　248／素晴らしいあなたに戻るには？　249／心の痛みは贈り物　250／かつては悪夢だった考えが、今はただ興味深い　251／自分は誰の領域にいるか？　252／それは自分を愛するということ　252／あるがままに愛する　253／世界はあなたの思考の鏡像　254／あなたは自分で呼吸していますか？　255／決断できない人へ　256／死の床にあったとしても……　257／問いかけは、自分へ戻る道　258／「至福」も「日常」も同等　259／何があっても、私たちには常に得るものがある

259／すべてＯＫ 260／愛を通じてつながる 261／何かが終わる時 262／思考が心の中にくつろぐ時 263／起こることをコントロールすることはできない 264／人の痛みを感じることはできない 265／自分の考えに「友」として出会う 266／自分の心の内側に入っていき、目を向け、理解をもって受けとめる 267／何も決める必要はない 268／「私」が生まれるまで、世界は存在しない 269／あるがままの現実を愛すれば、生きることはとてもシンプルになる 270／愛と理解だけがあなたを癒す 271／ストーリーから自由になる 271／ワークを行う時は真実や自由を愛する気持ちで 272／ストーリーがなければ、楽に動ける 273／あらゆる「なぜ」や「いつ」や「どこ」が私たちを手放してくれる時 274／すべての恐れは、愛への恐れ 275／ただ、自分自身のことを聴く 275／過去のストーリーについて一番好きなところは、もう終わったということ 276／「頭の中の静けさ」はすでにある 276／赦すべきものは何もない 277／あらゆるものはひとつ 277／意識として生きる 278

ワークのやり方 281

訳者あとがき 288

はじめに

この本は、あなたの中にある知恵を思い出してもらうためのものです。私の体験からいえることは、私たちは皆、等しく知恵をもっており、あなた以上に知恵をもっている人はいないということです。

これから説明する「ワーク」を通じて、あなたはその知恵を見つけることができます。ワークというのは、いつでも心の内側に入っていって、自分自身の知恵を活用することができる方法です。自分に問題があると考えるなら、あなたは混乱しています。心の内側に入っていき、あなたにとっての真実を見つけて下さい。その真実こそが癒しであり、自由なのです。私はそうした自由を楽しんでいます。

ワークについて私が好きな点は、心の内側に入り、自分自身で自由を体験すること、自分の中にすでにあった不変・不動の知恵を体験することを可能にしてくれることです。そうした知恵は常に存在し、あなたのことをずっと待っていてくれるのです。ワークはその知恵に到達させてくれます。それは心の家《ホーム》に帰るようなものです。あなたは指導者を必要としないのです。

求めることは、受け取ること。あなたは何を求めればいいか、もうわかっています。人に答えを期待しないようにしましょう。そして、私の言葉をただの一言も信じないで下さい。あなた自身の知恵を見つけましょう。自分自身で創りだした苦しみは、自ら終止符を打つことができます。それほどシンプルなことなのです。

ワークについて

ワークは、シンプルながらパワフルな探求のプロセスです。世界にあらゆる苦しみをもたらす、ストレスとなる考えをつきとめ、4つの質問を投げかけます。ワークとは、自分を傷つけているのは何かを理解し、あらゆるストレスや苦しみを終わらせる方法なのです。オープンマインドで臨めば、誰にでも効果を発揮し、人生全体に深い影響を及ぼすでしょう――あなた自身の人生だけでなく、パートナーや子供たち、孫たちの人生にも。

考えというのは、信じ込まない限り、害のないものです。苦しみを引き起こすのは、私たちの考えではなく、考えに対する執着なのです。考えに執着するとは、探求せずに真実であると思い込んでしまうこと。こうした執着している考え――多くの場合、何年も――のことを「ビリーフ」と呼びます。

大半の人は、「自分は〜だ」という考えを信じています。ある日、私は、自分が呼吸しているのではないことに気づきました。呼吸「させられている」のです。それから驚いたことに、自分が考えているのではないことにも気づきました。「考えさせられている」のです。考えというのは、自分個人のものではありません。朝、起きた時、「今日は考えないようにしよう」と心の中で唱えても、時すでに遅し。もう考えているのです！　考えというのは、ただ現れるもの。無から生まれ、無に帰ってゆきます。青空を雲が渡っていくように、来ては去り、留まることがありません。真実として執着しない限り、考えには害がないのです。

これまで、自分の考えをコントロールできた人はいません。できたと語る人はいるかもしれません。私は、自分の考えを手放すよりも、理解します。そうすると、考えが私を手放してくれるのです。

考えを紙に書き留める

ワークの最初のステップは、ストレスをもたらす考えについて書くことです。人生のいかなる状況（過去、現在、未来）についても取り組むことができます。あなたが嫌いな人、あるいは怒りを覚えたり、怖かったり、悲しい思いをする人についての状況などです。そのためには巻末の「ジャッジメント・ワークシート」を活用できます。もしくは、www.thework.com（日本語サイトへのリンクもあります）にアクセスして、同じワークシートをダウンロードすることもできます。

私たちは長い間、人をジャッジ（価値判断を下したり、決めつけたり、批判したり、裁くこと）してはいけないと教わってきました。けれども実態としては、始終、裁いているのです。誰もが頭の中で、たえず人を裁いています。ワークを通じて、そうした声を紙の上に表現することができます。時には叫ぶように。ワークの結果、きわめて不愉快な考えに対しても、無条件の愛をもって受けとめることができるかもしれません。

ワークシートに記入する際は、あなたがまだ完全に許していない誰かについて書くことをお勧めします。そこから始めるのが、もっともパワフルです。その人を九九パーセント許しているとしても、完全でなければ、自由ではないのです。あなたが許していない一パーセントこそ、他のすべての関係（自分自身との関係を含む）において行き詰まっているところなのです。

あなたがワークの初心者であれば、最初は自分自身について書かない方がよいでしょう。自分自身を裁いた文章に問いかけをすると、その答えが、従来の発想から抜け出せないことが多いのです。誰かを裁く文章に対し、４つの質問を投げかけ、「置き換え」をすることが、心の自由に直接至る道です。自分自身を裁くのは、ある程度ワークを実践し、自分自身の真実の力を信頼できるようになってからがよいでしょう。

他の人を批判することから始めると、焦点はあなた自身にならないため、構えずにいられます。私たちは多くの場合、他の人について、どうする必要があるか、どう生きるべきか、誰と一緒にいるべきかなどについて、はっきりした考えをもっています。ところが、自分についてはそうではないのです。

ワークに取り組むと、自分が人をどう見ているかを理解することを通じて、自分自身についても理解できます。最終的には、自分の外にあるすべてのものが、自分自身の考えを映し出したものであることがわかってきます。ストーリーを語っているのはあなたであり、あらゆるストーリーを世界に投影しているのです。世界は、あなたの考えを投影した映像です。

世の初めから、人は、幸せになるために世界を変えようとしてきました。それはいまだかつて、成功した試しがありません。なぜなら、問題に対するアプローチのしかたが逆さまだからです。ワークが私たちに提供してくれるのは、投影された映像ではなく、投影する側——思考《マインド》——を変える方法です。たとえば、プロジェクターのレンズに糸くずがついているのに、私たちはスクリーンに問題があると考え、この人もあの人もと相手を変えようとするのです。けれども、投影された映像を変えようとするのは、無益です。糸くずのありかに気づけば、レンズそのものをきれいにすることができます。これが苦しみの終わりであり、楽園におけるささやかな喜びの始まりです。

4つの質問と「置き換え」

怒りや恐れ、悲しみ、フラストレーションを引き起こし、平和な気持ちで生きることを阻む、いかなる考えに対してもワークを活用することができます。「母は私を愛してくれない」、「上司は私を評価してくれない」、「私は太りすぎだ」、「私はもっと健康になる必要がある」、「子供たちは、私の言うことを聞くべきだ」、「兄は飲酒をやめるべきだ」といった考えは、一日に何度も心をよぎるものです。こうした考えを信じると苦しみますが、ワークによって探求することにより、本当は何が自分を傷つけているかがわかります。何がリアルで、何がリアルでないか、その違いにひとたび気づいたなら、あなたの行動は自ずから明確で効果的なものとなり、これまでずっと望んできた生き方ができるようになるでしょう。

「ジャッジメント・ワークシート」の空欄に記入したら、それぞれの文章に対し、4つの質問と「置き換え」を行います（「置き換え」というのは、自分が信じているのとは逆のことを体験する方法です）。例を使って説明しましょう。

《ストレスになっている考え　例「夫は、私の話を聞かない」》

4つの質問

1　それは本当でしょうか？〔はい・いいえ〕
2　その考えが本当であると、絶対言い切れますか？〔はい・いいえ〕
3　そう考える時（その考えを信じる時）、あなたはどのように反応しますか？
4　その考えがなければ、あなたはどうなりますか？

ストレスになっている考えに対し、4つの質問を順番に問いかけていって下さい。自分自身に問いかけ、心の奥深くから答えが浮上してくるのを静かに待ちましょう。

4つの質問が終わったら、「置き換え」を行います。ストレスになっている考えを、反対の意味をもつ文章に置き換えて下さい。たとえば、「夫は、私の話を聞かない」に対する「置き換え」は、**内容を反対にすると、**「夫は私の話を聞いてくれる」になります。そして、置き換えた文章が実際にそうであるという、真実味のある3つの具体例ないし理由を挙げましょう。

「置き換え」は、他にもあります。**自分自身に対して置き換えると、**「私は私の話を聞かない」となり、**主語を置き換えると、**「私は、夫の話を聞かない」となります。これらの「置き換え」を行うたびに、真実味のある3つの具体例ないし理由を見つけて下さい。

なお、このワークのやり方は、基本的なものです。後に出てくる事例では、必ずしも基本通りに進みません。

次の章から、事例を交えながら、テーマ別に進めていきます。事例は、私の本やＤＶＤからのものです。典型的なワークショップでは、参加者の中から希望者が出てきて、聴衆を前に私と向き合って座り、あらかじめ記入してあったジャッジメント・ワークシートを読みます。そしてワークシートに書いた文章に対し、４つの質問と置き換えをしていき、本人自ら気づきに至ります。本書の事例を読みながら、できるだけご自身の課題として、感じてみていただければと思います。

これから出てくる事例の中で、自分に当てはめるのが難しい場合には、人生上の重要な人物に置き換えてみて下さい。たとえば本に出てくる人の例が友人についてであるなら、「友人」の代わりに、「夫」、「妻」、「恋人」、「母」、「父」、「上司」でも構いません。そうすることにより、自分のワークとなるのです。

ワークは、自分の考えを変えるためのものではありません。相手の問題行為を大目に見たり、正当化したり、相手を許す必要もありません。自分の考えについて探求するためのものなのです。

ストレスになっている考えを探求すると、あなたが信じていることは、必ずしも本当ではないことに気づきます。これが自由の始まりです。ワークはいつもあなたを、もっと明確《クリア》で、思いやりのある、幸せな存在にしてくれるのです。

1章

人間関係

——パートナー、恋人、友人などとの関係をとらえ直す

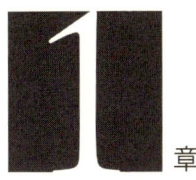

この章では、人との関わり方、愛、パートナーシップなどのテーマを扱います。自分がどのように愛や承認、感謝を求める欲求をもっているかに気づき、自分自身の課題として取り組みます。ただし、自分自身の課題に取り組むからといって、相手のことをすべて肯定し、受け入れる必要はありません。

ここで重要になってくる考え方は、「3つの領域」です。世界には、たった3種類の領域しかありません。「私の領域」、「あなたの領域」、そして「神の領域」です。「神」という言葉は、現実を意味します。現実こそが世界を支配しているという意味で、神なのです。私やあなた、みんながコントロールできないもの、それが「神の領域」です。

もし、あなたがあなたの人生を生きていて、私が頭の中で、あなたの人生を生きているとしたら、誰も私の人生を生きてくれません。そうすると当然ながら、私は孤独になります。頭の中で誰かの領域に入っていると、自分自身の領域に存在することができなくなります。人のために何がベストか、自分は知っていると思うなら、それはまったくの傲慢です。こうした傲慢さが、緊張や心配、不安をもたらします。自分が孤立しているように感じたら、自問して下さい。「自分は誰の領域にいるのだろうか」と。

次の事例では、ある男性が、妻は自分を幸せにするべきだと信じています。そして自分自身の考えを探求する中で、彼の世界観は一新されます。幸せというものは、自分が想像していたのとはまったく違う姿かもしれません。

この事例では、ひとつの文章に対し、4つの質問を投げかけることなく、置き換えに直接入っている箇所が多々ありますが、初心者の方にはお勧めしない方法です。まず問いかけをしないと、恥や罪悪感を感じる可能性があるからです。

事例1

「彼女は僕を幸せにするべきだ」
――それは本当でしょうか？

男性　「［ワークシートの最初の文章を読み上げる］『僕は、デボラに怒っている。なぜなら、一ヶ月前、家を出る前日に、僕に嫌悪感を感じると言ったから。僕のいびきや肥満に対し、彼女は嫌悪感を感じるから』」

ケイティ　「なるほど。それでは、あなた自身は嫌悪感というものを感じたことがないの？」

男性　「自分自身に嫌悪感を感じます」

ケイティ　「なるほど。他には？　以前に会った人かもしれません。たとえば友達とか、親とか」

男性　「空港で子供を叩いているような人」

ケイティ　「その時、嫌悪感を止められたの？」

男性　「いいえ」

ケイティ　「わかりました。それでは、その状況にいる自分を思い浮かべてみて下さい。あなたが嫌悪感を感じるというのは、誰の『領域』ですか？」

男性　「明らかに『僕の領域』です」

ケイティ　「デボラが何に嫌悪感を感じるかは、誰の『領域』ですか？……ところで、彼女は、あなたの奥さんですか？」

男性　「そうです」

ケイティ　「彼女が何に嫌悪感を感じるかは、誰の『領域』ですか？」

男性　「最愛のソウルメイト（魂の伴侶）であれば、僕についてこう考えるべきだとか、感じるべきだとか、重苦しい『べき』論に入ってしまうんです」

ケイティ　「まあ、それはいいわね！［聴衆、笑う］　私の質問に直接答えないのね」

男性　「『僕の領域』ではありません」

ケイティ　「彼女が嫌悪感を感じるのは、誰の『領域』？」

男性　「『彼女の領域』です」

ケイティ　「頭の中で『彼女の領域』にいると、何が起きるか。それは、自分の領域から離れてしまった分離感です。空港で子供が体罰を受けているのを目のあたりにした時に、嫌悪感を感じるのをやめることができましたか？」

男性　「いいえ」

ケイティ　「でも彼女の場合は、嫌悪感を感じるのをやめてほしいんですよね。それは、ソウルメイトの神話を信じているから？」

男性　「彼女は自分とずっと人生を共にすべきだと、『べき』を抱えてきたんです。でも今は、『べき』を失いつつあります」

ケイティ「わかりました。それでは、『妻は夫に嫌悪感を抱くべきではない』という考えを信じる時、彼女にどう接しますか？」

男性「彼女を牢獄に入れる感じ。彼女を二次元的にしか見ていません」

ケイティ「それでは目を閉じて、自分自身の姿を思い浮かべて下さい。『彼女は嫌悪感を抱くのをやめるべきだ』という考えを信じているのに、彼女がやめない時、どう接している自分が見えますか？　あなたは何を言いますか？　何をしますか？」

男性「『なぜ僕といて、そんな感じなんだ』、『僕のことを何だと思っているんだ』、『なんでわからないいんだ』」

ケイティ「あなたがそうしている時、どんな感じがしますか？」

男性「牢獄です」

ケイティ「『奥さんはあなたに嫌悪感を抱くべきではない』というストーリーを手放すのがよい理由は見つかりますか？」

男性「もちろん」

ケイティ「そのストーリーをもち続けてもストレスにならない理由はありますか？」

男性「いいえ。もうありません。家族をまとめるとか、僕が知っている真実を大切にするとかいうことは。魂レベルで僕たちが……」

ケイティ「ああ、ソウルメイトのこと？」

男性　「そうです。僕は本当にそこに囚われているんです」

ケイティ　「そうね。それでは、彼女があなたのソウルメイトだという箇所を読んで下さい」

男性　「僕をバカにしていないですよね？」

ケイティ　「私がやっていることは、あなたの解釈次第です。私は、あなたのストーリー上の私なのです。それ以上でもそれ以下でもありません」

男性　「わかりました。面白いなあ」

ケイティ　「そうですね。あなたがここの長椅子に座ったからには、あなたの考えはまな板の鯉なんです。あなたが本当に真実を知りたければね〔聴衆笑う〕」

男性　「〔笑いながら〕いいですよ。ご自由に〔さらに笑いが起こる〕」

ケイティ　「私は真実を愛します。そして誰かがこの長椅子に私と座ったなら、その人も真実を愛するということが明確にわかります。私はあなたのことを大切に思っています。あなたが望む通りにしたいのです。あなたがストーリーをもち続けたいなら、私もそう望みます。あなたが問いかけに答え、自分にとって本当は何が真実かに気づきたいなら、私もそう望みます。それでは、続けましょう。ソウルメイトのところを読んで下さい」

男性　「その部分は書いてはいないんですが、こんな感じです。『彼女は、僕のことをあるがままに受け入れない』」

ケイティ「『彼女は、僕のことをあるがままに受け入れない』――**置き換え**て下さい」

男性「『僕は、僕のことをあるがままに受け入れない』――それは本当です」

ケイティ「他にも**置き換え**がありますね」

男性「『僕は、彼女のことをあるがままに受け入れない』」

ケイティ「そうですね。彼女は、あなたについての探求していないストーリーを自分自身に言い聞かせ、嫌悪感を抱く。探求していなければ、それ以外の可能性はありません」

男性「ああ。僕は何年もそういう彼女にこだわってきた。そして自分自身にも」

ケイティ「あなたは、彼女についてのストーリーを語り、自分自身に嫌悪感を感じるんですね」

男性「そうです」

ケイティ「もしくは、あなたがあなた自身を幸せにするということもできます。奥さんについて、あなたがどういうストーリーを語るかによって、気分が上がったり下がったりする。彼女は、あなたについてどういうストーリーを語るかによって、気分が上がったり、嫌悪感を抱いたりする。探求していないストーリーというのは、家族の中に混乱や怒り、憎しみを残すことがよくあります。探求するまでは、そうならざるを得ません。それでは、最初の文章をもう一度読んで下さい」

男性「わかりました。『僕は、デボラに怒っている。なぜなら、一ヶ月前、家を出る前日に、僕に嫌悪感を感じると言ったから。僕のいびきや肥満に対し、彼女は嫌悪感を感じるから』」

ケイティ「それでは、**置き換え**て下さい。『僕は自分自身に……』」

男性「『僕は自分自身に怒っている。なぜなら……』」

ケイティ「『デボラに、……』」

男性「『デボラに、嫌悪感を感じると言ったから』」

ケイティ「そうです。彼女の何に対して？」

男性「これまでの関係をこんなに簡単に捨てられることに対して」

ケイティ「それでは、あなたは彼女とまったく同様ですね。あなたがいびきをかくと、彼女は嫌悪感を感じる。彼女が離れると、あなたは嫌悪感を感じる。どう違うのでしょうか」

男性「僕は確かにそういうことに嫌悪感を感じるんです。[目に涙がたまる] ああ、そうだったんだ」

ケイティ「彼女が、あなたの考えを鏡に映した像でないということはあり得ないんです。あなたのストーリー以外には、誰もいないんですから。『僕は自分自身に怒っている』……何について？」

男性「自分本位であること。彼女が自分の思い通りになるべきだと考えること」

ケイティ「あなたが誰と一緒に暮らすかは、誰の『領域』ですか？」
男性『僕の領域』です」
ケイティ「そうですね。あなたは彼女と暮らしたい。あなたが誰と暮らしたいかは、『あなたの領域』です」
男性「そうです」
ケイティ「彼女は別の人と暮らしたい。それを**置き換え**ると、『あなたは別の人と暮らしたい』」
男性「なるほど。僕は、別の人と暮らしたいんですね――存在しない人。こうあってほしいという女性［泣き出す］」
ケイティ「あなたはよくやっていますよ［彼にティシューの箱を渡す］」
男性「本当だ。本当だ。僕は長い間、こんなことをしていたんだ」
ケイティ「ワークシートの次の文章を読み上げて下さい」
男性『僕はデボラに、あるがままの人生をありがたく思ってほしい』」
ケイティ「彼女がありがたく思うか、思わないか。それは誰の『領域』ですか？」
男性「彼女の『領域』です」
ケイティ「それでは**置き換え**て下さい」
男性「『僕は僕に、あるがままの人生をありがたく思ってほしい』」

ケイティ「そうですね。あなたが彼女や子供たちに説くことを、あなた自身が体現して下さい」

男性「そうですね」

ケイティ「あなたが私たちに教えようとしている限り、希望がありません。なぜなら、自分でもどう体現したらいいかわからないことをあなたは説いているからです。どう幸せになったらいいかわからない人が、人にどう幸せになるかを教えることができるでしょうか。痛みしか教えられません。自分自身の痛みを終わらせることができないのに、どうして配偶者や子供の痛みを終わらせることができるでしょうか。痛みのストーリーがなければ、あなたはどうなるでしょう。痛みを抱えず、私心がなく、相手の話をよく聴くことができる」

男性「わかります」

ケイティ「このことは、本当は知っておくととてもいいことなのです。自分の内面に対する責任を与えてくれます。そこに気づきが生まれ、世界に伝わり、私たちは自由を見つけることができます。ワークシートの次の文章を読んで下さい」

男性「『僕は彼女に、自分自身の力を認めてほしい』——これはバカげているなあ」

ケイティ「この文章を書いた時と今とでは、あなたの心境はずいぶん違いますからね。この傲慢な感じがわかりますか？　『失礼ですが、あなたは自分自身の力を認めるべきですよ』［聴衆笑う］」

男性　「でも皮肉なことに、家でパワーをもっているのは、彼女なんです。僕は彼女に自分のパワーを明け渡してしまったんです」

ケイティ　「それでは、先ほどの文章を**置き換え**て下さい」

男性　「『僕は自分に、自分自身の力を認めてほしい』」

ケイティ　「そして、彼女の『領域』に立ち入らないことがもたらすパワーを感じて下さい。次の文章は？」

男性　「うーん。『僕は彼女に、かんしゃくを起こしたらツケが回ってくることを理解してほしい』」

ケイティ　「おやまあ」

男性　「あまりにも独りよがりで、信じられないですね」

ケイティ　「あなたはとてもよくできています。これが本質的自己に気づくということなのです。ワークシートの次の文章を見てみましょう」

男性　「『デボラは、……』なんてことだ」

男性　「『デボラは、空想の世界に恋するべきではない』。彼女は今、ヨーロッパで男と会っているんです」

ケイティ　「そうですか。彼女は、あなた自身がしたかったことをすべてやっているんですね。

［聴衆笑う］」

男性　「それは全部僕がやってきたことです。つまり、空想の世界に恋してきたんです。そして現実のデボラとぶつかってきた。自分の空想に彼女が合致しないと、嫌悪感を抱いた」

ケイティ　「そうです。お帰りなさい。あなたは心の家《ホーム》に戻ってきたんです」

答えはあなたの中に

あなたの外にあるいかなるものも、あなたが求めているものを与えてくれることはない。

愛は何も求めない

自我というものは、愛するということがありません。何かを欲しているだけです。愛は何も求めません。すでに完璧だからです。何も欲しないし、必要としないし、「～すべき」というものもありません。ですから、相手のことを愛しているから愛されたいと言っている人の話を聞くと、愛以外のことについて話しているのだということがわかります。

共感を欲するたびに

共感を欲するたびに、あなたは相手を自分のストーリーの世界に巻き込もうとします。それはいつもあなたの心を傷つけます。

パートナーは最高の先生

ひとたび自分の考えに問いを投げかけ始めたならば、パートナー——生死を問わず、離婚していたとしても——はいつでも最高の先生となります。あなたがその人と一緒にいるのも、もっともなことです。あなたとの関係が続くにせよ、続かないにせよ、完璧な先生なのです。探求を始めたら、そのことが明確にわかるでしょう。

宇宙に過ちはありません。ですから、パートナーが怒っているとしても、相手に欠点があるとあなたが考えるとしても、オーケーです。なぜなら、そうした欠点は、あなた自身の投影だからです。相手の欠点について紙に書き、探求し、心を解放しましょう。精神的指導者を求めにインドに行く必要はありません。あなたは、精神的指導者と生活を共にしているのです。パートナーは、あなた自身が自由になるために必要なすべてを与えてくれます。

相手に怒りを感じる時

私が自分のパートナーに怒りを感じる時は、苦しまざるを得ません。怒りは自分にとって、不自然なのです。パートナーのことを理解をもって受けとめる方が、自分らしく感じます。相手についての考えが浮かんだら、理解をもって受けとめることができますか？　自分の考えに対し、理解と共に受けとめることにより、相手のことも理解をもって受けとめることができるのです。

私が考えたことがないことで、あなたが私について言えることはありません。新しい考えというものはないのです。考えはすべて、再利用されます。外側の世界は、内側の世界が投影されたもの。お互いが出会うのは、「考え」にすぎません。それがあなたの考えであろうが、私の考えであろうが、同じことです。浮かんできた考えを理解をもって受けとめましょう。愛だけが癒すのです。

自分をまったく無防備な状態に置いてみる

相手があなたに対してしたことについて、あなたの分の責任を取ることは、とても大切です。ただ謙虚であり、自分を擁護したいという衝動を少しももたない……自分をまったく無防備な状態に置くのです。こうした無防備な状態というのは、とても味わい深いものです。[訳注]

✣

私の愛は「私の領域」

私が感じる愛は、「私の領域」です。相手には関係ありません。逆に、相手が私を愛するとしたら、それは「相手の領域」です。私についてのいろいろなストーリーに恋をしたとしても、それが私とどう関わりをもっているでしょうか？　私は相手が投影した姿なのです。私はストーリーにすぎず、相手は私と出会ったことがありません。誰も他の人と出会ったことがないのです。

私を愛するのは、あなたではなく、私がすること。

相手が自分を理解してくれない時

「彼は私を理解すべきだ」とあなたが信じているのに、現実はそうでないとしたら、その考えは不幸せになるための処方箋となります。あらゆることをして、彼があなたを理解するように仕向けたとしても、彼は理解できることしか理解しません。そしてたとえ彼があなたを理解したとしても、あなたのストーリーが正しかったという証明を得るだけです。彼が理解していると言っていることは、あなた自身についてではないのです。なぜなら、あなたが彼に理解させようと操作すると、彼が理解できるのは、あなたが話しているストーリーだけになるからです。

ですから、あなた自身が理解されることはありません。あなたが言っていることを、私たちは聞いていないのです。私たちが聞いているのは、あなたが言っていると思っていることだけです。そして私たちは、あなたが言っていることにストーリーを被せてしまいます――それが私たちの理解なのです。あなたは、自分の考えによって彼を罰していませんか？

誰かに自分のことを理解してもらいたいのであれば、自分自身を理解することです。常にそうする必要があります。自分の考えを探求し、あるがままの現実こそが自分が望んでいることだとわかるようになると、その人についてあれこれ判断を下すことがなくなるでしょう。その時点では、いかなる判断も下す必要がなくなるのです。自分のことを理解させようとして、相手を苦しめる必要がなくなります。その人が理解するかどうかは「あなたの領域」ではないことを、その人は常に示してくれます。

現実と闘うと、心に痛みを感じる

私たちは、自分の美しさや頭のよさや魅力を使って、パートナーを得ようとします。相手が獲物であるかのように。そして相手が檻から出たがると、憤慨します。それはあまり思いやりのある態度とは思えません。私は、夫が望むことを望んでほしい。それに、私には選択肢がないということにも気づきます。彼はするべきことをする――私はそのことを愛します。それが自分を愛するということです。なぜなら、現実と闘うと、心に痛みを感じるからです。

あなたが共にいる人を愛することができれば、自分を愛することになる

一夫一婦制には、多くの利点があります。それは、「一体性」の究極のシンボルです。なぜなら、主なひとりに意識を集中させてくれるからです。あなたはただ、頭の中に浮かんでくる、彼に関するあらゆるストーリーに取り組めばいいのです。配偶者というひとりの人が、百万人分の体験をあなたに与えてくれます。あなたのパートナーは、人類が知っているあらゆる考えをあらゆる組み合わせでもたらすでしょう。そうした考えに取り組むことを通じて、あなたは自分自身について知ることができます。あなたが共にいる人を愛することができれば、自分を愛することになるのです。

あなたは愛されない存在？

あなたが愛されない存在であることを証明する例とは、何でしょう？　拒絶されることでしょうか？　誰かがあなたを拒絶するとしても――世界がこうあってほしいというその人のビリーフにあなたが合致しないというだけなのですが――、それはあなたに何の関わりもありません。自分に関わりがあると思うのは、自我肥大（自意識過剰）です。

たとえば、あなたの手が理由もなく動いたとしましょう。それに対し、誰かが自分なりの意味づけを信じ込み、あなたに対して嫌な気持ちになる――あなたはそのことに自分が関わっていると思うでしょうか？　あなたはそんなパワーをもっていません。もしその人があなたを怒鳴りつけたとして、あなたがそれは愛ではないと思うのなら、あなたが自分自身を傷つけたのです。その人が傷つけたのではありません。そしてあなたが、「彼は私に対して怒鳴りつけるべきではない」と心の中で怒鳴っているとしたら、そこに痛みが発生するのです。彼があなたに対して怒鳴っているからではありません。現実と闘っているために、あなたは負けるのです。

ある考えで心が傷つくとしたら、その考えは真実ではないという合図だ。

❖「恐れ」から行動していませんか？

誰かを喜ばせ、自分のものにし、影響を与え、コントロールするために何かを言ったり、行ったりするのは、恐れを動機としており、痛みをもたらす結果となります。操作することが分離感を生み出し、分離感が痛みをもたらすのです。誰かがある瞬間、あなたを完全に愛することができるのに、あなたはそれに気づくことができないかもしれません。恐れから行動すると、愛を受け取ることができません。「愛されるには～をしなければいけない」という考えを信じ込んでいるからです。ストレスを生む考えはすべて、あなたを他の人たちから切り離してしまいます。

不正直な「イエス」は、自分自身に対して「ノー」を言うことになる。

相手の欠点をどう受けとめるか

相手の欠点だと思うことに目を向け、それがどのようにその人のことをありがたく思う可能性をもたらすか、見つめてみて下さい。それができなければ、結局は怒りをぶつけるか、自分の進歩のなさにフラストレーションを感じ、頭の中で自分自身やその人を攻撃するかもしれません。こうした攻撃というのは、問いかけが必要な領域にすぎません。逆に、ありがたさをはっきり感じることができれば、あなたは無限の愛に向かって成長することができるでしょう。そして相手も世界も、あなたの後に続くでしょう。

あなたのパートナーは、あなたの鏡です。その人は、あなたの目に映った通りに存在します。結局は幾度も繰り返される、あなたの考えの投影なのです。それにより、あなたは自分自身について見えないままです。自己正当化し、自分を見失います。相手は自分の鏡にすぎないと考えると、心が痛みます。相手のことが見えていないのですから。相手について信じていることしか、見えないのです。ですから、相手の欠点が目に入る時は、そこに自分自身の欠点があると思ってよいでしょう。自分の投影であるからには、その欠点はあなたのものであるはずです。

❖思いやりのない相手との関係に悩む人へ

「〜は私のことを思いやるべきだ」というストーリーがなければ、あなたはその人の前で、どういう状態になりますか？　あなたは愛そのものになるのです。あなたが、人は自分のことを思いやるべきだという神話を信じていると、人のことも自分のことも、思いやることができなくなります。愛は、どこか外から訪れることはありません。愛は、あなたの中からのみ、生まれてくるのです。私は自分の体験から、そうであることを知っています。

あなたはこういう人だ、と私が決めつけるたびに、自分自身がそういう人になる。例外はない。私は自分自身の心の痛みであり、自分自身の幸せ。

私たちは人に執着しているのではなく、考えに執着している

あなたが何らかの考えを信じている限り、それを夫や妻、恋人、子供たちなどに押しつけることになります。自分が相手から欲しているものを得られなかったり、自分にあると思っていることを相手が脅かすような言動をすると、遅かれ早かれ、相手に自分の考えを押しつけることになるのです──自分の考えを、ある程度理解をもって受けとめるまでは。私が今、語っていることは、推測ではありません。私たちは実際にそうしているのです。私たちは人に執着しているのではなく、考えに執着しているのです。

これまであなたが相手にアドバイスしてきたことはすべて、あなた自身が聴く必要のあること。

❖自分を認めてもらおうとしない

誰かに自分のことを認めてもらおうとしなければ、私はあるがままの価値ある存在でいることができます。相手に認めてもらおうとすれば、居心地よくありません。ワークによる探求を通じて、相手がいいと思うことをそのまま肯定してほしいと思うようになりました。なぜなら、相手のことを愛しているからです。相手がいいと思うことこそが、私の望むこと。それが愛であり、愛は何も変えません。愛は望むものをすべて手に入れているのです。愛は満たされています。ちょうど望む通りに。

夫婦であっても、相手の問題は「私の」問題ではない

あなたが「夫を愛している」と言うとしましょう。彼はハンサムで、魅力的で、セクシーだと。彼についてのあなたのストーリーを愛しているのです。自分自身のストーリーを彼に投影しています。逆に、あなたが望んでいることを彼が与えてくれなければ、彼はどれだけ嫌な人で、支配的で、自己中心的かというストーリーを語るかもしれません。それが彼自身と、どう関係があるでしょうか。

私の夫が、「大好きだ」と私に言ったとしましょう。私はこう考えます。「彼が私のことを魅力的だと思っているのは、素晴らしいこと。彼はどんなに幸せに感じていることでしょう」。一方、もし彼が私に向かって、「これまでの人生で一番後悔しているのは、君と結婚したことだよ」と言ったとしても、それが私にどう関係するでしょうか。私は彼を愛しています。自分の体験からして、彼が私について言っていることが本当ではなかったとしても、自分に何かできることはないか、彼に尋ねるでしょう。自分にできることがあればするでしょうし、自分にとって誠実なことでなければ、しないでしょう。彼のストーリーは、「彼の領域」です。

自分のことを愛してほしいとパートナーに望む時

パートナーが自分のことを愛するように仕向け続けていると、何をするにも――彼女をディナーに連れていく時ですら――、そうした動機につき動かされることになります。それはとても辛いことです。それに対し、「気づき《アウェアネス》」というのは素晴らしいものです。「気づき《アウェアネス》」があれば、次に相手を再び操作しようとする時、自分がどのように反応するだろうかと楽しみにさえできます。なぜなら、ワークを始めることで、これまでのパターンが変化し、あなたは完全に神秘の存在となるからです。ワークの結果、自分が意識している動機を除いては、自分が何者であるかすらわからなくなるというのは、とてもエキサイティングなことです。

ひとたびワークに取り組み始めたら、彼女をディナーに誘っても、自由でいられます。もしくは、彼女をディナーに誘うことができなくても、自由でいられます。あなたは自分自身を完全に愛しているため、あなたを愛することに彼女が加わる必要はないのです。ですから、「あなたを愛している」と言う時に、相手をこうしたいという動機がありません。動機がなければ、心の痛みは消失します。自分について彼女はどう考えているのだろうと思うことは、とても苦しいものでした。彼女はこう考えているだろうというあなたのあらゆるビリーフに釣り合うように、自分をよく見せる必要があったのです。男らしくあらねばと。そして彼女が自分と関係をもってくれたら、男らしくあらねばという思い込みを正しかったと思ってしまうのです。

夫の承認を求めるのは、思いやりのないこと

私の夫が、「他の人とつき合うのではなく、僕と一緒に家にいてほしい」と言ったとします。もし自分が他の人たちとつき合いたいと思っていたとしたら、次のように言うでしょう。「ありがとう、あなた。あなたの気持ちはわかります。そして、他の人たちといようと思うの」。私は彼のことをある程度の理解をもって受けとめました。彼の見方と私の見方は等しく大切ですが、その上で、他の人と一緒に過ごすのです。私は夫に対し、すべての真実を伝えるでしょう。「私は今、他の人と一緒にいる必要がある」というのは、真実の一部にすぎません。「私はあなたを愛している」も真実です。「私はあなたを愛している。そしてこれから人に会いに行く」です。

私が彼から必要としているものがあり、彼の承認を得ようとするなら、それはまた、ストーリーになってしまいます。承認を求め、相手に合わせてしまうと、自分の中で正直な感じがしません。心が平和ではないのです。夫の承認や愛を求めたら、彼に対して、自分らしくない接し方をしてしまうでしょう。それは思いやりのないことです。そして彼に対して思いやりがないとしたら、自分に対しても思いやりがないことになります。

❖相手に求めるのをやめれば、愛することができる

愛は、こう言います。「私はあなたがどんな人であれ、愛しています。あるがままのあなたで大丈夫」。癒すことができるのは、愛だけです。人と結びつくのは、愛によってのみです。あるがままの彼であってはいけないと考えるなら、あなたは彼を愛していません。あるべき姿の彼を愛することになるのです。こうあってほしいというあなたのイメージに合うまで、彼は相手にされません。

私が愛を欲すれば、手に入れることはできない。
相手から愛を求め続ける限り、私自身が愛であることがわからない。

微笑みをたやさず、いつも自由だとしたら……

心の痛みや不幸せがなかったとしたら、あなたはどのように生きますか？　真剣に心の内を見つめてみて下さい。あなたが微笑みをたやさず、いつも自由だとしたら、どんな感じになるでしょうか？　それは、人をコントロールしたり、操作したりすることがなくなるということです。そんなばかげたことは思いつきさえしないのです。

操作するというのは、こういう感じです。「あなたは私と一緒にいるべきだ」、「あなたが去ったら、私は惨めになる」。あなたはこうした考えを使って、この世には惨めさというものがあるという自分のストーリーに同意させようとするのです。けれども真実というのは、好むと好まざるとに関わりなく、あなたは本質において愛そのものであるということなのです。あなたにはそのことがわかります。なぜなら、たったひとつの考えであっても、それによって愛から離れたら、あなたは傷つくからです。

私があなたを愛することに、あなたは何の関わりもない

私たちが自分自身を愛し、自分自身と「結婚」するのでなければ、結婚というものは成り立ちません。私はありのままの現実を愛します。それ以外のものは欲しくありません。私はあなたと今、ここにいたいということしか、わかりません。現にあなたとここにいるからです。計画してそうするわけではありません。ただ、自然な展開でそうなるのです。私があなたのことを完全に愛したとしても、あなたは何もする必要がありません。私が「あなたを愛している」ということで、何かを得ようとしているわけではないからです。なんて素晴らしいことでしょう。私はあなたのことを完全に愛することができますが、あなたには何の関わりもないのです。あなたに対して私が感じる親しさは、あなたが何をもってしても止めることはできません。

自分のパートナーについて、ストレスになるビリーフをもつ時、あなたは自分自身から分離し、自分自身と「離婚」します。ということは、彼とも「離婚」することになります。それは心が傷つくことです。自分自身から離れ、パートナーに向かう時、あなたは自分自身と「離婚」してしまうのです。

自分自身の被害者にならないで

私たちの自我にとり、愛は「同意」にすぎません。私があなたに同意すれば、あなたは私を愛してくれる。あなたに同意しなかったり、あなたの「聖なる信念」に疑いをもったとたん、私はあなたの「敵」になる。心の中で、あなたは私を分離するのです。そして、あなたは自己正当化のためのあらゆる理由を探し始め、自分の外に意識を向け続けます。問題が起きたのは、自分が信じているストーリーに対する執着によるものだということがわからず、第三者のせいであると信じたとしましょう。そうすると、あなたは自分自身の被害者になり、自分の状況が絶望的に思えるのです。

愛はあなたの本質

娘のロクサーンについてお話ししたいと思います。ある日、私に電話をしてきて、孫の誕生日パーティに出てほしいというのです。その日は他の町の公開イベントに出る約束があると話すと、彼女はとても傷つき、怒り、電話をガチャンと切ってしまいました。それから一〇分ほどして、もう一度電話がありました。「お母さん、私はとても興奮しているの。今、お母さんについてのワークをしたばかり。お母さんが何をしても、私がお母さんを愛せなくなるということはないということがわかったの」。誰もが、こうしたワークの力を活用できるのです。あなたは、誰かがあなたを愛することをやめさせることはできませんし、誰も、あなたが愛することを止めることはできません。愛は、あなたの本質だからです。

相手を愛さない時、あなたの心は痛みます。なぜなら愛は、あなたの本質だからです。ただし、相手を愛するように自分を仕向けることはできません。自分自身を愛することで、自然に相手を愛するようになるのです。

本当の愛とは、互いのストーリーを気に入ることではない

通常の対人関係というのは、二人が合意するということであり、お互いのストーリーを気に入るということです。私たちはそれをいわゆる「愛」だとしています。そして自分のアイデンティティを賭けている聖なるストーリーについて相手が同意してくれなければ、心の中でその人を切り離すのです。もし誰かが私のことを思いやりがないと言ったとして、私は夫のところに走っていって、「ねえ、～さんが私のことを思いやりがないって言うのよ」と伝えるとしましょう。すると夫は私を抱きしめ、頬をなでて言います。「いや、それは本当ではないよ。もちろんお前は思いやりがあるに決まってる」。そうすれば私は、批判されたことが自分の中でどう真実味をもつか、心の中を掘り下げる必要がありません。自分の側に立って闘ってくれる味方を得、自分に同意してくれることをいわゆる「愛」だとしているのです。

もし私が家に帰って、「ねえ、～さんが私のことを思いやりがないって言うのよ」と夫に伝えた時に、「まあ、お前は時々、思いやりがない時があるね。たとえばだね……」という言葉が返ってくるとしましょう。もし私が、真実を言われるよりも、自分に同意してほしいのであれば、傷つき、怒り、自分に同意してくれる友人を探しに行くでしょう。それでうまくいくかもしれません。けれども遅かれ早かれ、耐えがたいほどの心の痛みを感じることになるのです。ですから、立ちどまり、内面を見つめ、自分自身を自由にする必要があります。夫は私に自由を与えられません。自分にしかできないのです。

あなた自身を愛することから……

あの人は自分のことを愛すべきだという考えを信じると、心の痛みが始まります。私にとって祈りの言葉があるとしたら、「神様、愛や承認、感謝を求める欲求から私を解放して下さい。アーメン」というものです。人から愛や承認を求めることは、あなたはそのままでは完全ではないと見なすことになります。

唯一、意味ある関係というのは、自分自身との関係です。あなた自身を愛する時、あなたはいつも一緒にいる人を愛します。逆に、自分自身を愛さなければ、他の人と一緒にいることが居心地よくありません。なぜなら、人はあなたの信念体系《ビリーフ・システム》に挑んでくるからです。そして自分の考えを探求しない限り、信念体系《ビリーフ・システム》を守るために戦わなければなりません。人はお互いに暗黙の契約を結び、相手の信念体系《ビリーフ・システム》に干渉しないようにしますが、当然、そんなことは不可能です。

人から愛を求めるのは、苦しいこと

人から愛される必要があるとあなたが考える時、どのように反応しますか？　相手に自分を承認してもらうことに囚われるのでしょうか？　相手に認めてもらえないかもしれないという考えに耐えきれず、偽りの生き方をするのでしょうか？　相手が自分にどうあってほしいと思っているかを探り、カメレオンのように相手に合わせて変わろうとしますか？

実のところ、あなたが相手の愛を得ることはないのです。本来の自分ではないものになるため、相手が「愛している」と言っても、信じることができません。相手はあなたのうわべを愛しているにすぎないからです。相手が愛しているのは、あなたが装っているだけで、存在すらしていない人です。人から愛を求めるのは、苦しいこと。生気がなくなります。愛を求めていると、真正なものを失うのです。すでにもっているものを外に求めてしまうと、自分で自分の牢屋をつくりだすことになります。

自分が満たされた状態になるために、いかに相手が必要かという恋愛ストーリーは、まったくばかげています。私自身の体験からいえば、自分を満たすために誰かを必要とはしません。そのことに気づいたとたん、相手が誰であっても、私は満たされた状態になります。

❖誰かに傷つけられたと感じたら……

傷ついた感じや何らかの不快感というものは、第三者が引き起こすことはできません。自分以外の誰も、自分を傷つけることはできないのです。傷つくのは、自分が傷ついたというストーリーを信じる時だけです。自分の考えを信じることによって、自分が自分を傷つけているのです。これは実はかなりの朗報です。なぜなら、第三者に自分を傷つけることをやめさせる必要がないからです。自分で自分を傷つけることをやめられるのです。自分の力でできるのです。

部屋に入った時、そこにいる皆が私を愛しているのがわかる。
ただ、彼らが私を愛していることにまだ気づいていないかもしれないだけ。

感謝を生きる

「現実《リアリティ》」は、完璧に展開します。人やものに対して、私が近づいたり、離れたりする時、自分の中で葛藤はありません。そうすべきではないと信じるストーリーをもっていないからです。常に完璧なのです。「現実《リアリティ》」の自然な展開に私はしたがうだけです。頭で決めたら、常に真実味が薄くなるでしょう。私が素晴らしいと思うのは、「現実《リアリティ》」は常に優しいということです。その体験を一言で説明するとしたら、「感謝」ということになるでしょう。感謝を生きるということです。私は受け手であり、入ってくる恵みを止めることはできません。

勝つことは負けること、負けることは勝つこと

私たちはこれまで、相手が間違っていることを証明することに人生を費やしてきましたが、ワークに取り組むと敗北します。それが大変なショックであったとしても、結局は自分にとって恵みとなります。勝つことは負けること。負けることは、勝つこと。すべて逆になるのです。

✣

「愛を失う」という選択肢はない

愛を求めると、愛に気づかなくなります。ただし、気づかなくなるだけであって、愛を失うわけではありません。私たちは愛そのものであり、愛を失うという選択肢はありません。愛は不動なのです。ストレスを生む考えをワークによって探求し、頭の中がクリアになれば、人生に愛があふれてきます。それは自然に起きることです。

夫とうまくいかない妻へ

いかなるものも、あなたに愛する人を失わせるようなことはできません。あなたが夫を失うとしたら、それは自分の考えを信じた時だけです。自分の考えを信じる時、彼から離れることになるのです。そのようにして結婚が終わるのです。「彼の見かけは～でなければいけない」とか、「彼は私に～を与えてくれなければいけない」とか、「彼は今のままではいけない」といった考えを信じるまでは、あなたは夫とひとつなのです。

パートナーが自分の望み通りのことをしてくれる時、どれだけ幸せに感じるか、気づいたことがありますか？　あなたが望むことをいつでもやってくれるという立場に相手を置くためには、あなたは「コントロールする人」にならざるを得ません。あなたが望むことを相手がやってくれるなら、感謝しましょう。そしてやってくれないなら、相手をはさまずに、あなたが直接やりましょう。

あなたが自分に忠実になるまでは、他の人にも忠実であることはできない。

❖真の友人とは?

「防衛」は、先制攻撃です。あなたが私のことを、意地悪で、拒絶感が強く、厳しく、思いやりがなく、不公平だと言ったなら、私はこう返すでしょう。「ありがとう。私の人生を振り返ると、今言われたことは皆、自分の中にあります。それ以上のことも。あなたが気づいたことを、すべて教えて下さい。私が理解できるよう、手伝って下さい。あなたを通じて、私は自分自身のことを知ることができます。あなたがいなければ、私の中にある思いやりがないところとか、見えないところをどうやって知ることができるでしょう? あなたのおかげで、自分自身に戻ることができます。ですから、私の目を見て、もう一度話して下さい。すべて語ってほしいんです」

友人どうしというのは、このようにして出会うのです。それが「一貫性《インテグリティ》」というものです。思いやりのない人間として私が見えるのであれば、心の内側に入っていき、自分の人生を振り返る機会となります。私はこれまで、思いやりがない時があっただろうか?——あった。不公平なことをしただろうか?——このことは、すぐに認められる。自分では少し不確かであったとしても、子供たちが教えてくれる。私の人生のどこにも見つからないようなことを人が言うことはありません。あなたが言うことで、ひとつでも私が自己弁護したい衝動に駆られたら、それはまさに、私の中で発見されることを待っている真珠のような宝なのです。

あなたから離れることができるのは、あなただけ

誰もあなたから離れることはできません。それは、あなたにしかできないことです。あなたのパートナーのコミットメント（真剣な関わり）がどのようなものであれ、あなたが頼りにできるのは、あなた自身のコミットメントです――それが変わるまでは。そして長期にわたるコミットメントというのは、今、この瞬間にしか存在しません。相手が永遠にあなたにコミットすると言ったとしても、それがどうなるか、あなたには知る由がありません。「あなた」と「相手」というものをあなたが信じている限り、自我が別の自我にコミットしているにすぎないからです。自我というものは、愛するということがありません。何かを欲しているだけです。

一緒に暮らした相手が出て行ってしまった女性に

彼が去ってしまったことを彼のために（ということは、あなたのためでもある）よかったと思えるまでは、あなたのワークは終わっていません。ですから夜中に、考えに囚われて目が覚め、恐怖におののくというようなことがあってもいいのです。こうしたパワフルな思い込みに対し、ワークをしましょう。あなたは自分自身を解放できるのです。今まであなたは彼とどう生活してきたか、彼にあなたのことを「究極の人」と思わせるようにどのようなことをしてきたか、振り返ってみて下さい。相手なしでは、人生は終わりだとあなたは考えます。けれども、彼があなたの元を去るのは、いいことなのです。それにより、あなたは本当の自分について知ることができるのですから。

これまでで最悪の喪失体験というのは、最大の贈り物《ギフト》だ。

妻の恋愛を知った夫は……

私はある時、しばらくワークを実践しているという男性と話をしたことがあります。奥さんが別の男性と恋愛関係になったのですが、彼は悲しみに沈んだり、パニックになる代わりに、自分の考えについて問いかけました。「彼女は私の元に留まるべきだ——それは本当でしょうか？——わからない」「そう考えるとき、どのように反応しますか？——きわめて不愉快だ」「その考えがなければ、どうなりますか？——彼女を愛し、ただ彼女にとってベストの状態を願う」

この男性は、本当に真実を知りたいと願っていました。自分の考えに問いかけを行った時、きわめて大切なことを発見したのです。彼はこのように言いました。「結局のところ、妻のことは、起きるべくして起きたということが理解できました。実際に起きたんですから。それで妻に言うことができたんです。『彼との関係について、すべて語ってくれないか。一番親しい女友達に話すように』と。彼女は、僕を守るために言葉を選ぶ必要はまったくなく、彼女の話を聞くのは、驚くべきことでした。彼女のためにとても喜ぶことができたんです。今までで、もっとも解放的な体験でした」

彼の妻は家を出て、相手の男性と一緒に住むようになります。それでも彼は構いませんでした。彼女が望まないのであれば、自分のところに留まってほしくなかったからです。数ヶ月後、彼女は新しい恋人との関係が危機に瀕し、相談相手が必要となりました。それで親友——つまり夫——のところに行ったのです。二人は彼女の選択肢について、落ち着いて話し合うことができました。彼は本当に彼女のことを愛していて、ただ彼女が自分の望みについてはっきりすることを願っていたのです。それで彼女はいろいろなことを整理するためにひとりで暮らすことにしました。そして最終的には、彼との結婚生活に戻ったのです。

この間ずっと、彼は現実として起きていることに対して、頭の中で闘いが起き、心の痛みや恐れを感じた時はいつでも、その時に信じている自分の考えに取り組みました。それにより、心が穏やかで、元気な状態に戻ったのです。彼は、唯一あり得る問題というのは、探求していない自分の考えであることを自分で発見しました。彼の奥さんは、彼自身の自由のために必要なすべてを与えてくれたのです。

人が、あなたを失望させることはできない

あなたが人を失望させることはできませんし、人があなたを失望させることもできません。あなたは、自分が望んでいることを相手が与えてくれないというストーリーを信じ、自分自身を失望させているのです。相手から何かを欲していて、その人が断ったとしたら、それが現実です。あとはあなたに任されます。あなたが欲しているものは、いつでも自分自身にあげることができるのです。

あなたは、人生に何かが欠落しているというビリーフに苦しんでいるだけ。現実には、必要とするものをいつももっている。

人から幸せをもらうことはできない

人間関係が自分を幸せにしてくれると人は考えます。けれども、他の人や自分の外から幸せを手に入れることはできません。通常の対人関係というのは、二つの信念体系《ビリーフ・システム》が一緒となり、自分の外にある何かが幸せをもたらしてくれるということを正当化するものです。そして、それが本当だと考えてしまうと、あなたがこれまでの信念体系《ビリーフ・システム》を超えて成長していくことは、相手を失うことになってしまいます。そして、別離や痛みとして感じるのです。

私たちは愛そのものであり、それに対してできることは何もない。
ストーリーがなければ、愛は私たちの本質。

「思いやり」と「痛み」

思いやりがあるとは、人の痛みを感じられることだと言う人がいます。あたかもそれが可能であるかのように。あなたがより「今、ここ」にいて、相手に完全に関わることができるのは、あなたが痛みの中にいる時でしょうか、それともクリアな感覚をもち、幸せな時でしょうか。誰かが傷ついている時、その人はあなたも傷つくことを望むでしょうか？　それよりも、あなたに完全に「今、ここ」にいて関わってほしいのではないでしょうか。

私には、あなたの心の痛みを感じることはできません。誰かがあなたのことを叩いたとしましょう。私にそれが感じられると思ったとしたら、こう感じるに違いないというものを投影し、痛みとして感じるのです。誰かが私を叩いた時のことを思い出し、私自身のストーリーを感じます。現実として、私に痛みがあるわけではありません。ストーリーがなければ、私はどうなるでしょうか？　痛みがなく、幸せです。だからこそ、誰かが私を必要としていたら、完全に関わることができるのです。

ストーリーがなければ自然に動く

あなたが相手の痛みを感じると信じているなら、その人のために「今、ここ」にいることはできません。誰かが車に轢《ひ》かれ、あなたが恐怖の中で、相手はこう感じているに違いないと思ったら、身がすくんでしまいます。時にこうした危機において、思考が通常の枠組みを失い、何も投影できなくなると、考えるのではなく、ただ自然に動けることがあります。何かを感じたり、計画したり、「こんなことあり得ない」と考える間もなく、瞬時に轢かれた人のところに走っていって、車をもち上げるのです。ストーリーがなければ、あなたはどうなりますか？　車がもち上がるのです。

いつもパートナーを求めている人へ

あなたにはパートナーが必要――それは本当でしょうか？　大人になってからあなたはずっと、パートナーが必要だと思ってきました。そして今でも渇望しています。今度こそと思いながら、何人パートナーがいれば、あなたは満たされるのでしょうか？　あなたにパートナーが必要ないと言っているわけではありません。あなた自身の真実について語っているのです。ただ心の内を感じてみて下さい。パートナーを見つける、見つけないにかかわらず、自分自身を必要として下さい。あなたは、あなた自身を待っているのです。

ずっと待ち望んでいた恋人に出会いたい？　鏡を見て下さい。

夫に自分を愛してほしいと望む女性へ

あなたが夫に対し、自分を愛してほしいと思う時、どのように接しますか？　彼、あるいはこの地球上の誰かに自分を愛してほしいと望む時、ストレスをもたらさない理由が見つかりますか？　もし私が、夫に自分を愛してほしいと思ったとしたら、それは愛ではありません。私は彼に、誰であれ、彼が愛する人を愛してほしいと思います。その方がいいでしょう。私が何を望もうが、彼はそうするのですから。私には、彼の愛が向かう先を変えることはできません。私はもはや、愚かではないのです。あるがままの現実を愛するだけです。私は愛する喜びを知っていますから、彼がどこに愛を向けるかは、「私の領域」ではないのです。「私の領域」は、彼を愛することです。

あなたは自分がどれだけ、入ってくるものを受け取るよりも、与えることによってコントロールしようとするか、気づいていますか？　ただ受け取るだけだと、どうなるでしょうか。受け取ることは、与えることです。受け取ることは、与えてくれた相手にあなたがお返しできる、もっとも純粋なものです。誰かが私にハグをしても、ハグを返さなければいけないということはありません。受け取るということは、痛みの終焉であり、愛や笑いの誕生なのです。

ワークをする必要があるのは自分

私はありがたいことに、ワークにまったく関心のない人と結婚していました。もし私が、彼にはワークが必要だと信じていたとしたら、私自身がワークをする必要があったでしょう。もし私が、彼は私を信頼する必要があると思い込んでいたら、私が彼を信頼する必要があったでしょう。確かに、私は彼を信頼しました。彼のあるがままの行動を信頼したのです。ですから、それはパーフェクトな結婚でした。ただし、彼と一緒に住み続けなければいけないということではなかったのです。

あなたが失うことをとても恐れているものは、そもそもあなたがもっていなかったものです。あなたはそのことにまだ気づいていないかもしれませんし、気づいたとしてもしばらくは悲嘆にくれるかもしれません。そして次には、これまで失われたものはないことに気づくのです。

パートナーに去られた人へ

誰かがあなたの元から去ったというストーリーを信じることは、自分自身から去ること。パートナーの「領域」に入り込み、相手は誰といるべきか、誰から離れるべきか、誰から離れるべきではないかを指図するたびに、あなたはあなた自身から離れます。その結果は、孤独や恐怖。あなたが信じていることに問いかけをするまでは、無邪気にも自ら苦しみを生み出し続けるのです。

私の本当の結婚相手は、心の中の声です。通常の結婚はすべて、こうした内なる結婚の「比喩」にすぎません。もしくは、私の恋人とは、「正直な『イエス』や『ノー』が出てくるところ」といえるでしょう。それこそが、私の真のパートナーであり、常にそこにいてくれます。そして、私の心の声が「ノー」と言っているのにあなたに「イエス」と言ってしまったら、心の中のパートナーと別れることになるのです。

自分を愛せないと苦しむ人へ

「私は自分自身を愛すべきだ」と言っている人は、愛とは何かを知りません。私たちは、すでに愛そのものなのです。ですから、自分自身を愛していないのに愛すべきだと考えることは、まったくの妄想です。「私は、自分自身を愛すべきではない」と置き換えた文章の方が、真実味があると言えないでしょうか？　なぜなら、今は愛していないのですから、愛すべきではないのです！　「私は自分自身を愛すべきだ」――どの惑星での話でしょう？　愛は、「すること」ではありません。あなたがすべきことは、何もありません。そして、あなたの考えに問いかけをしていけば、あなたが愛であることを阻む唯一のものは、ストレスを生む考えであることがわかるでしょう。

いい人間関係を築くには？

自らの本質に触れている時、うまくいかない相手というのは、ありません。いい関係に必要なのは、たったひとりです。それはあなたです。

私は、人に認めてもらいたいと思いません。人には、思うように思ってほしい。それが愛です。操作したり、誰かを変えようとするのは、相手の思考を冒瀆するようなものです。「そこのあなた！　自分のことではなくて、私に集中しなさい！　私のことを認めるのが、あなたにとって絶対にベストです。私のことを認めてほしいんです。あなたが何を望んでいるかは、どうでもいい」というように。けれども、人の考えをコントロールすることなど、できません。自分自身の考えすら、コントロールできないんですから。認めてほしいというのは、「私は〜だ」と、自分のことを限定されたちっぽけな存在とする考えにはまり込むことを意味します。

ストーリーがなければ、あなたは自由になる

セックスにビリーフを結びつけなければ、呼吸したり、歩いたりすることと変わりありません。それは美しさそのものであり、あなた自身なのです。セックスに満足やエクスタシー、親密さ、つながり、ロマンスといったものを求めていっても、見つけることはできないでしょう。

あなたはストーリーなしに、セックスというものを本当に体験したことがあるでしょうか？いいえ。誰も体験したことがないのです。セックスとはどういうものか、私たちは皆、ストーリーをもっています。自分のストーリーに合致したセックスを体験しようとするのです。いい、悪い、上手、下手、彼はこうすべきだ、ああすべきだ、など。あなたは常に、自分自身のストーリーに合わせようとしています。セックスを通じて起きるのは、相手がどういう人間か、自分はどういう人間か、あなたや彼の感触、さまざまな感覚や感情が何を意味するかについて、ビリーフをもつということです。そうしたすべてについて自分に言い聞かせるストーリーがあり、いいとか悪いとか言っているのです。ストーリーがなければ、あなたはどうなりますか？　自由になるでしょう。私の好きな立場は、「無知の知」ということです。実際、あなたは何が起きているか、知らないのです。ストーリーがなければ、セックスを楽しむことができるでしょう。もしくは、セックスをしないことを楽しむでしょう。あるがままの現実を。

離婚に悩む女性へ

もし夫が他の女性と一緒にいることを望むのであれば、私は自分が離れようとすることに気づくかもしれません。ただし、怒りと共に彼から去る必要はないのです。

彼と一緒にいるために自分にできることは何もありません。また、彼と離婚するためにできることも何もないのです。私は彼のところに留まるかもしれませんし、完全な愛をもって、離婚するかもしれません。そして、このように思うかもしれません。「なんて興味深いことが起きているのでしょう。私たちはずっと一緒にいると約束したのに、今、離婚しようとしている」

私はおそらく笑うでしょうし、彼が欲しいものを得ていることを愛するでしょうし、前に進むでしょう。なぜなら、私の中に闘いがないからです。人によっては、夫と離婚する際、「彼は浮気をすべきではなかった。彼は私を傷つけた。彼は約束を破った。彼は冷酷だ」などと考えるでしょう。どちらのケースでも離れることは同じですが、ストーリーだけが異なるのです。

どちらにせよ、あなたは人生の旅を歩みます。問題は、どのように歩むかということです。暴れたり、叫んだりするのでしょうか？　それとも、尊厳や寛容さ、平和と共に進むのでしょうか。もちろんこうしたことは無理にというわけにはいかないし、そうできるふりをするわけにもいきません。ただ正直に、自分の考えに問いかけていくのです。

最後には、「大変なことですね、この離婚は」と人に言われても、あなたはこう答えるかもしれません。「そう思われるのももっともですが、私の実際の体験は全然違うんですよ」

どこまで付き合いを深めるべきか、迷っている人へ

あなたが恐れていなければ、人にあげられないものはないでしょう。ただし、用意ができていないのにそうする必要はありません。今、何かをあげなければいけないということはないのです。ワークにより、自分の考えを探求してみて下さい。自分の考えを理解できたら、失うものは何もないことがわかるでしょう。結局のところ、何も守ろうとしなくていいのです。そうすると、自分がもっているものを提供することは、ありがたいことになるのです。

あなたの世界に現れるものが何であれ、排除することは愛ではない。愛はあらゆるものに加わる。

愛は何も拒まない

愛というものは、一息たりとも拒みません。砂粒ひとつでも、ちりひとつでも。それはあらゆるものを抱きます。殺人者やレイプ犯から、聖人や犬猫に至るまで。愛はあまりにも広大で、あなたを燃やし尽くします。あまりにも広大で、それに対してあなたができることはありません。唯一できることは、愛そのものになることです。

「満足」と「喜び」の違いですって？――その違いは、ここから月までぐらいの開きがあります！　ここから別の銀河系までの距離！――「満足」というのは、自分を満たそうとすること。「喜び」というのは、あなたそのもの。

私たちはすでに、すべてをもっている

自分がパートナーから何かを欲しているというビリーフから自由になり、相手を無条件に愛する以外に、相手と一緒になる方法はありません。それが本当の意味で一緒になるということです。

あなたがパートナーから何もいらない地点に到達したなら、それは「ビンゴ！　当たりくじ！」というようなものです。自分のパートナーから何かを欲しているなら、私は自分の考えに目を向ける必要があります。私はすでに、すべてをもっているのです。私たちは皆、すべてをもっています。

訳注　ただ素直に真実を認めるということはよいのですが、自己批判や自己非難に陥ることは、ワークの探求から外れるため、気をつける必要があります。自分に対する思いやりをもってワークを行うことが大切です。

2章

親子関係

——難しい関係に新しい視点をもたらす

この章では、ワークが親子関係にどのような新しい視点をもたらすかを探求しています。相手が親であれ、子供であれ、相手の問題としてではなく、自分の領域に一〇〇パーセント責任をもつことにより、これまでとは違う親子関係のあり方が見えてきます。親に対する、あるいは子供に対する具体的なワークのしかたも紹介します。

次に挙げる事例は、母と娘の関係についてです。「親に対してパワーをもたない」として、ただ子供を弱い被害者の立場に置くのではなく、ワークによって子供の中にある力をどう引き出していくかが描かれています。

事例２

「お母さんは支配的だ」
――それは本当でしょうか？

女性　「私は母に怒っていて、反抗しているんです。私の話をちゃんと聞いてくれません。支配的だし、私が言っていることを真剣に受けとめてくれないんです」

ケイティ　「『お母さんは支配的だ』――**それは本当でしょうか？**」

女性　「はい」

ケイティ　「『お母さんは支配的だ』――**それが本当であると、絶対に言い切れますか？**」

女性　「はい。私の人生をかなり支配しているんです」

ケイティ　「『お母さんは支配的だ』――**そう考える時、あなたはどのように反応しますか？**　何が起きますか？」

女性　「母に抵抗したり、避けます。母が私に話しかけてくる時は、耳をふさぎます。母の話は聞きたくないから。以前、母子家庭で、経済的に大変でした。私は高校生で、母は仕立て屋。生活のために、私はいつも学校に行かせてもらえず、家で母の手伝いをさせられました。学校に行きたかったのに」

ケイティ　「なるほど。他にどのように反応しますか？」

女性　「かなりプレッシャーを感じます。家計を助けるのは、私の責任じゃないという感じ。

そういう重荷を背負うことに腹が立ちます」

ケイティ　「そうね。まるで重荷を背負わなくてはいけなかったようにね。背負わなければいけないということではなかった」

女性　「でも私は背負ったんです」

ケイティ　「そうしたかったからでしょう？」

女性　「うーん」

ケイティ　「その部分は見逃しているわね」

女性　「いやいやだったんです」

ケイティ　「そうね。あなたは、学校にいたかったと信じていたんです。あなたがそれを信じている限りは……なぜ家に残ったの？」

女性　「住む場所に困らないように」

ケイティ　「あなたはなんて思いやりがあるんでしょう。自分の考えを信じてしまい、自分が家に残って手伝いたいと思った部分を認めないと、自分がどれだけ思いやりがあるか、気づきません。私の言っていることがわかりますか？　あなたは、『お母さんが私を家にいさせた』という考えで頭の中がいっぱいになっていて、そのことに気づかないんです」

女性　「その時の情景を、映画のように頭の中で再現しているんですけど、私はとても怒っていました。子供時代を奪われたように感じたから。そして、それは私のせいじゃない。私の責任じゃない」

ケイティ「そうですね。他に方法があったら、お母さんはどちらを選ぶと思いますか？　あなたが学校に行くのと、家に残るのと」

女性「学校に行く方を選ぶでしょうね。私に頼らずに」

ケイティ「ワークシートの次の文章を読んで下さい」

女性「『私の意見を言わせてほしい』」

ケイティ「『お母さんは私に意見を言わせてくれない』という考えを信じる時、**どのように反応しますか？**」

女性「大声で叫びたい感じ。ただ学校に行って、他の子たちのように普通になりたい。住む場所に困らないようにお金を稼がなければと気を揉まなくてもいいもの」

ケイティ「もし私があなたのお母さんだったら、こういう風に言うでしょう。『お母さんも同じことを望むわ。どうしたらいいと思う？　他に方法が思いつかないの』」

女性「その通りね。他に方法がなかった。お母さんを助けるため［涙］」

ケイティ「ワークをし続けることによって、最終的には、それ以上きれいにする過去がないということになります。その頃を振り返ると、純粋な愛だけを感じるのです。次の文章を読んで下さい」

女性　「『私は母に、あるがままの私を愛し、尊重してもらう必要がある』」

ケイティ　「それでは、『母は私を愛さず、尊重しない』と考える時、**どのように反応しますか?**」

女性　「母を悪く言ったり、避けたり、私をハグしようとする時に私は……」

ケイティ　「あなたのような人だったら、お母さんがハグしたくなるのももっともね。お母さんの支えになってきたんですものね。それでは**置き換え**ましょう」

女性　「『私はあるがままの私を愛さず、尊重しない』」

ケイティ　「あなたは、少女だった。それについて誰を責めてもしょうがないこと。あなたは家族を助けるために、学校に行かないと自分自身で決めました。それがあなたなのです。それなのに、お母さんのせいにしてしまって、自分がしたことを愛したり、尊重しない。お母さんの素晴らしいところとか、感謝しているところについて、具体例を教えて下さい」

女性　「母は、やると決めたら私は何でもできると言ってくれました。私もそう思います。私が望めば、できないことはないはず」

ケイティ　「素晴らしい。あなたの心の準備ができたら――今日でも――お母さんに電話して、今言ったことについて、感謝の気持ちを伝えて下さい。他に、お母さんのどういうところが好きだったり、尊敬していますか?」

女性　「前はわからなかったけど、母は私のために自分を犠牲にしてくれました。私がよりよい人生を送れるように。母はずっと孤独でした。私はあまりにも感謝の気持ちが足りないです」

ケイティ　「まあ、これまではね。でも自分が気づいていないことに対して、どうやって感謝できるでしょう？　他に、お母さんについて好きだったり、尊敬しているところは？」

女性　「母が、人のいい点を見ようとするところが好きです。私については、見ようとしなかったといつも感じていたけど」

ケイティ　「どんなことをお母さんに言われて、あなたの素晴らしいところを見ていないと思ったの？」

女性　「私は感謝が足りないって」

ケイティ　「お母さんとそのことが話せるといいわね。あなたの理解が追いつくのにちょっと時間がかかったけど、お母さんは正しかったって。あなたは当時、わからなかったのよ」

女性　「参ったなあ」

ケイティ　「そうね。相手が正しいのを認めるのは嫌ですよね。一番最後にわかるのが自分。私たちは、気づいていないことを変えられません。ですから、気づいたというのは、かなり愛すべき女の子ね。ワークシートの次の文章に行きましょう」

女性　「『私の母は操作的で、精神的におかしくて、支配的で、否定的で、被害者意識が強く、毒があり、イライラさせる』。それから、肯定的なものも考えてみました。『母は創造的で、知的で、痛みの世界にいる』」

ケイティ　「『お母さんは、痛みの世界にいる』――**それは本当でしょうか？**」

女性　「いいえ」

ケイティ　「それは素晴らしい発見ですね」

女性　「私が、痛みの世界にいるんです。参ったなあ。それなのに、ずっと母を責めてた」

ケイティ　「それでは、『私は……』と**置き換え**て下さい」

女性　「『私は操作的で、精神的におかしくて、支配的で、否定的で、被害者意識が強く、毒があり、イライラさせる』」

ケイティ　「そうです。そして、被害者であり続けるために、お母さんを使っていたんです」

女性　「『私は創造的で、知的で、痛みの世界にいる』」

ケイティ　「そうです。あなたのお母さんについてのストーリーは、痛みの世界にすぎません。なんて素晴らしいワークでしょう。ありがとう」

親は問題ではない

親が問題なのではありません。ワークとは、自分の領域に関することについて、一〇〇パーセント責任を負うことです。これはとてもいい知らせです。親を変える必要はないのです。自分について探求するだけでいいのです。

たとえ不愉快なことでも……

親や子供、配偶者、友人は、ここを押せば感情的に反応するという、私たちのあらゆるボタンを押してきます。自分自身について知りたくない側面は何かに気づくまで。毎回、私たちが自由になるための方向性を指し示してくれるのです。

✤母親に愛されなかった女性へ

「母は、娘を愛すべきだ」――それは本当でしょうか？　これは恐竜と同じくらい、とても古い神話です。それが本当ではないことがどのようにしてわかるかというと、信じるたびに心を痛めるからです。信じるのは、あなたらしくないからです。信じてしまうと、偽りの中に身を置くことになります。

　お母さんはあなたを愛すべきだという偽りを信じるたびに、あなたはどう反応しますか？――分離の感覚。お母さんはあなたを愛すべきだと考える「能力がなかった」としたら、お母さんの前で、あなたはどうなりますか？――平和な気持ちで話を聞き、あるがままの母親を愛するかもしれません。今度は、「お母さんはあなたを愛すべきだ」を置き換えると、どうなりますか？――「あなたはあなたを愛すべきだ」。あなたを愛するのは、あなたの役目なのです。「私は自分のことを愛していないから、お母さんが愛して」というのは、問題ではないでしょうか？　ですから、あなたがあなたを愛するのです。どのように愛するかというと、「今、ここ」の瞬間を生きることによって。それができるたびに、自分自身を愛することができるのです。

子の幸せを願う親へ

あなたは人を幸せにすることはできません。

ある時、私の娘が車を欲しがりました。一六歳になったばかりで、人生の困難な時期にいました。娘はいとしい存在ですが、自己嫌悪や罪悪感、恥でいっぱいでした。それで私は、車を買ってあげるのが、彼女を幸せにするためにうってつけの機会だと思ったのです。娘の友だちは誰も車をもっておらず、特別な贈り物になるだろうと。私が検討していた素晴らしい車に娘が乗っているることを想像すると、うれしさでいっぱいになりました。

車を娘に買ってあげた時、私の胸は興奮のあまり、はちきれんばかり。娘に幸福への鍵をあげることになるのだ、と。けれども私はすぐに、何かがおかしいと気づきました。本人が望んでいた車ではなく、娘は幸せではなかったのです（友達にからかわれるようなタイプの車だった、と娘は後に語りましたが、私には知る由もありません）。

その時の私は、娘は感謝すべきだとか、その車を愛すべきだとか、わざと気難しくふるまっているのではと思い込んでいました。けれども私を幸せにできるのは私自身だし、娘を幸せにできるのも娘自身なのです。すべて私の問題だったということがわかりました。

「子供たちが幸せになれば、私も幸せになる」？——これは私にとって、愛に聞こえません。私だったら、子供を介するのではなく、「今、ここ」で幸せになります。その方がずっと健全です。それは「無条件の愛」と呼ばれます。

子供を愛せないと悩む親へ

子供を愛すべきだとあなたが考えるとしたら、大きな問題を抱えることになります。恥と罪悪感を感じることになるのです。あなたは、実際に子供を愛するまで、愛すべきではありません。子供を愛すべきだと考える時、あなたはどう反応しますか？　恐れ、落ち込み、恨み、自己嫌悪……。もしかしたら、自分は変な人間だと感じるかもしれません。自分にはかなり間違ったところがある、根本的に欠落した何かがあると。子供を愛すべきだというビリーフがなければ、あなたは今、どうなりますか？——愛するにせよ、愛さないにせよ、自由になります。そして今、何を感じているにせよ、よい親になるでしょう。そうすれば、あなたは自分の愛を見つけ、子供が言っていることを今、聞くことができ、本当の意味で今、共にいることができるのです。あなたは何もする必要がないし、何にもなる必要がありません。探求のワークは、自分でないものになろうとすることから、私たちを解放してくれます。

私たちは皆、五歳の子供です。人生と呼ばれるものをどう生きたらいいかわからず、学んでいる最中なのです。

親の干渉に悩まされている人へ

「親は子供に執着すべきではない」——現実はどうなのでしょう？　執着していますか？　それでは、親は子供に執着すべきではないというのは、本当でしょうか？——現実として執着している以上、本当ではありません。まったくの偽りだと思います。こういう強い言い方をするのは、私の話を聞いてほしいからです。親は子供に執着すべきではないと考える時、あなたは母親や父親にどう接しますか？　距離を置き、自分が上に立っているように感じますか？　このストーリーがなければ、あなたはどうなりますか？　目を閉じて下さい。あなたに執着しているお母さんが見えます。彼女の顔、そして体を見て下さい。ストーリーなしに、お母さんのことを見ましょう。何が見えますか？　美しい人。あなたが心から愛している人。あなたはあるがままの現実を見ているだけであって、状況は何も変わっていません。ストーリーに執着する時、あなたはそうした愛への気づきを失います。

親は子供に認めてもらうことはできない

私にとっての真実というのは、子供に自分のことを認めてもらいたいとは思わないということです。いずれにせよ、認めてもらうことはできません。それを望むというのは、子供の考えを冒瀆するものです。子供の思考が本来向くべき方向があるのに、自分に向けさせようとすることになるからです。

✣

「幼い子供にワークが理解できるでしょうか?」

子供は、ワークについて理解できるでしょうか?——もちろんです。考えだけに取り組むのですから、大人も子供もありません。考えは年齢を超越するのです。子供たちは、次のようなことを言います。「お父さんは、私を理解すべきだ」、「友達は、私の話を聞くべきだ」、「ママは、パパとケンカすべきではない」、「私を愛してほしい」など。四、五歳頃までには、子供たちは大人とまったく同じ、ストレスとなる考えを信じるようになります。新しい考えというのはありません。子供も大人と同じくらい、混乱しているのです。

子供の話を、ただ聞いてほしい

子供たちは何がほしいか、私に始終、言っています。私はただ話を聞きます。それが私とどういう関係があるのでしょう？　子供たちはただ、自分の望みを表現しているだけなのです。そうした望みは、彼らのものです。私には私の望みがあり、子供たちには子供たちの望みがあります。彼らが自分の望みについて話している時、私は、それが自分についてだと思わずに、ただ話を聞くことができるでしょうか？　私たちは皆、親にそうしてほしいのです。ただ自分の話を聞き、理解してほしいのです。

私の役目は、子供たちの領域に入り込むのではなく、愛することだ。

❖夫が子供の面倒を見ない、と不満な妻に

あなたの夫が子供の面倒を見ないからといって、自分がやりたいことができないことになるでしょうか。何があなたを止めるのでしょうか。あなた自身のことなのに、誰が止めることができるでしょう？　子供なしに何かをしたいと思ったら、彼らを置いて出かけ、したいことをすることができます。けれどもあなたはそうしません。それはあなたにとって、ただ子供を置いていけばいいということではないからです。子供と残ります。あなた自身が望むことをしているのであって、夫は関係ありません。あなたはいつでも出かけることができるのです。このことを知っておくのは、いいことではないでしょうか。したいことができないのは夫のせいだとあなたが信じる時、あなたは幻想の中で迷っています。あなたを身動きとれない状態にするのは、「私は身動きがとれない」という幻想なのです。子供たちと一緒にいなければならない母親というのはいません。私たちは、そうせざるを得ないというストーリーを語りたがるのです。そしてそのストーリーの中で、夫を攻撃し、憎み、離婚しようとし、気が変になるのです。この偽りのストーリーがなければ、あなたはどうなりますか？

私は喜びそのもの

幼児が幻想の世界に生きるようになるのは、ものごとに言葉を付けるようになってからです。ストーリー自体は避けがたいものなので、あなたの意識がクリアであれば、それを観察するのは、とても楽しいでしょう。私は、幼い孫たちといるのが大好きです。私が彼らに教えたことが耳に入ってきます。「あれは木」、「あれは空」、「あなたを愛している」、「あなたはおばあちゃんの大切な天使なのよ」、「あなたは、世界で一番美しい子」。こういったストーリーを言いながら、素晴らしい時間を過ごします。もし私が言ったことが孫たちに対して問題を起こしたなら、彼らは大きくなった時に、ストレスとなる考えに問いかけをすることができるでしょう。私は喜びそのものであり、そこから出てきた言葉のいずれをも検閲するつもりはありません。

私は子供たちに、次のように言います。「私はあなた方のあらゆる問題について責任を負っている。あなた方は、解決について責任をもっている」

夫がパソコンに夢中で家族と過ごさない、と困っている女性に

「メールをチェックしに行って、何時間も帰ってこないということを夫はすべきではない」──こうした考えには、希望がありません。「子供たちや家族は、メールに勝てない！」──その通りです。夫はインターネットよりもあなたや家族を優先すべきだというストーリーに執着する時、あなたは彼に対して、どのように接しますか？　恥や罪悪感を植えつけるのでしょうか？　そうすると、心の中でどう感じますか？　彼はインターネットよりもあなたを優先すべきだというストーリーがなければ、あなたはどうなりますか？

私がかつて信じていた宗教

よく聞かれる質問は、私が目覚めの体験をした一九八六年以前に何らかの宗教を信じていたかということです。私の答えは、信じていたということになります。それは、「子供たちは自分の靴下を拾うべきだ」という宗教で、私は完全に傾倒していました。信じていても、効果を発揮したことはありませんでしたが。現実として、子供たちは来る日も来る日も、床に靴下を脱ぎ捨てていました。私が何年も説教したり、文句を言ったり、お仕置きをしたにもかかわらず。それで、靴下を拾ってほしいのであれば、私自身が靴下を拾うべきだということがわかったのです。子供たちは、床に自分の靴下が落ちていても、まったく問題ありませんでした。誰が問題を抱えていたのでしょう？——私です。私の人生を難しくしていたのは、床に落ちていた靴下についての私の考えでした。靴下そのものではありません。

そして、解決方法をもっていたのは、誰でしょう？——それも私です。正しいのと自由であるのと、どちらを選ぶかということなのだと私は気づきました。私が靴下を拾うのに大した時間はかかりません。子供たちのことについて考えもしません。すると、驚くべきことが起き始めました。自分は靴下を拾うのが好きだということに気づいたのです。靴下を拾うのは自分のためであり、子供たちのためではありませんでした。その瞬間、雑事ではなくなり、靴下を拾い、散らかっていない床を見るのが楽しみになりました。やがて子供たちは、私が楽しそうに拾っているのを見て、自分たちも拾うようになりました。私が何も言わなくても。

誰もあなたの言うことを聞かない

子供が話を聞くというのは、こんな感じです。あなたが子供に何か言います。するとその子は、あなたが言ったことに、自分なりの解釈を加えます。それがその子の耳に入るということになるのです。ですから、誰もあなたの言うことを聞いたことはありません。

子供に大嫌いと言われたら?

私が子供のひとりに「大嫌い」と言われたとしたら、このように返すでしょう。「少し、そのことについて振り返らせて。これまでずっと、あなたのことをどう扱ってきたかを振り返ると、言われたことが理解できます。私にできることがある? あなたが提案できることがある?」

もし子供が、「心の話なんか、どうでもいいんだよ。お母さんとは二度と会いたくない」と言ったら、優しく「わかるわ」とは言わないでしょう。話を聞くだけです。自分の心の内を振り返り、理解します。この時点では、自分が理解したことを子供に伝える必要はありません。もし私が、「愛している」と言ったら、逆効果になるだけです。

血縁上の母親にとらわれないで

あなた自身が、ずっと待ち望んでいた母親なのです。血縁上の母親に意識を集中していると、あなたの中の母親につながることができません。

ワークに取り組めば、あなたの子供や配偶者、親が、自由になるために必要なすべてを与えてくれます。全世界が与えてくれるのです。すべてがあなたの反映ですから。完璧であり、偶発的なものではありません。

私は目覚めの体験をしたことにより、四三歳で子供のようでした。自分は何もわかっていないことがわかったのです。どのように生きればいいか、わかりませんでした。このワークを発見したことにより、自分が生かされていることに気づきました。私はよちよち歩きの子供のよう。とても楽しかったのです！　ワークによって探求し続けると、何も知ろうとする必要はないことがわかります。必要なことはすべて、全世界が与えてくれます。

子供に「お母さんのバカ!」と言われたら……

あなたが自分の子供にバカだと言われたとしましょう。お子さんは正しいかもしれません!私は理解できます。はたして子育てのしかたをわかっている人はいるでしょうか。私たちは皆、子育てについてはかなり愚かなのです。お子さんが言ったのは、あなたはバカだということだけです。なぜそれに反論する必要があるでしょう? 他のやり方があるのに愛する人に反論するほど、バカなのでしょうか?

あなたは、次のように言うことができます。「ねえ、どうしたらいいか、教えてくれる? 確かに私はバカみたいに感じるわ。私はあなたを愛しているけど、どのように愛したらいいか、わからないの」。これが真実です。どうすればいいかわかれば、私たちは皆、賢明な行動が取れるでしょう。それこそが、このワークのパワーです。たとえば家に帰ったら、息子さんにこう言うこともできます。「あなたは私のことをバカだと前から言ってたわよね。私はそうだということがわかったの。一番理解が遅いのは、私ね。そして私がどうバカかというと、あなたをどう愛したらいいか、わからないということなの。あなたの助けが必要。あなたの話を聞きたいの」

親から与えてもらいたいと思ったことを、自分自身に与えることができるでしょうか？

親にしてほしいと思ったことを、私自身はできるでしょうか？　親から与えてもらいたいと思ったことを、私は自分自身に与えることができるでしょうか？　これは生涯をかけての取り組みです。人によっては、どうしていいか、わかりません。それなのに、親はどうしたらいいかわかっているはずだと思うのです。親から与えてもらいたいと思うすべてを自分自身に与えて下さい。人生はよいものです。私には今、私自身がいます。そして私が望むすべてをあなたにもあげましょう。何という喜び。それこそが自分自身に与える贈り物だということがわかります。ただし、私が自分自身に喜びを与えることができるまで、あなたにあげることはできないのです。そして、あなたにあげるということは、私が自分自身にあげることでもあります。

自分が自分の母親になる

一九九三年、娘のロクサーンが初めて私のワークショップに参加した時、セラピストの大きな団体も来ていました。娘は、「地獄からやってきた母」に取り組みました。――娘が成長する過程で、私のことをそのように体験したのです。彼女はワークをしている間、私のことを見ることができませんでした。私の声が聞こえることすら、大変だったのです。彼女は、私が問題の根源であると同時に、救済者であると思っていました。そして怪物に助けを求めざるを得ないことに、憤慨していました。

ある時点で、娘は感情が高ぶり、私に面と向かって、「母親として、もっと違った関わり方をすべきだったのよ」と言いました。私の返事はこういうものでした。「それは私の役目ではないわ。あなたは自分で自分の母親になるのよ。あなたが常に望んでいた母親に、あ、な、た、がなるのよ」

後になって娘は、あれが今まででもっとも素晴らしい私からの贈り物だったと言いました。彼女を自由にしたのです。自分が自分の母親になることがいかに恩恵となるか、私自身、わかっています。他の誰かの役目として見ることは、希望がありません。

母親からの愛情を感じられない人に

肝心な点としては、お母さんはあなたを確かに愛しているのです。お母さんは愛さずにはいられないのですが、あなたを愛していることに気づくと期待しないで下さい。彼女が愛を抑えることにより、あなたは自分自身を愛せるようになるのです。そしてあなたが自分自身を愛するまでは、お母さんを愛することはできません。私が自分を憎むなら、母を憎みます。私が自分を愛するなら、母を愛します。それほどシンプルなのです。

やがては、ストレスを生む考えが現れても、私たちは輝いていることができます。「お母さんに愛してもらう必要がある」というような考えが浮かんでも、笑い飛ばすことができます。そうした考え、そして次から次へと出てくる考えに対して目覚めているので、笑うことができるのです。

求めているものを母親から得られない時

あなたが人を失望させることはできません。人があなたを失望させることもできません。あなたのストーリーは、あなたが求めていることを人が与えてくれないということですが、自分自身を失望させているのです。あなたがお母さんに何かを求め、断られたとしたら、それまでです。自分が自分に求めているものをあげる必要があるのです。これはいい知らせです。なぜなら、あなたが望んでいるものが手に入るからです。お母さんの助けを借りることができなければ、あなた自身の助けを借りることができるのです。お母さんに断られたら、あなた自身が残ります。

母親と意見が異なる時

自己探求というのは、思考《マインド》が、自らに自らのストーリーを戻すようなものです。子供の時、世界から「空は青い」と教わり、私たちは「空は青い」と言いました。それが本当か、立ち止まって自分に問いかけることはありませんでした。どのようにしたらそうできるのか、知らなかったのですから。これから始めましょう。母親が「空は青い」と言ったら、賢い子供は、心の内に問いかけます。「それは本当？」――いいえ。「空は青い」というのは、母親の「宗教（信じていること）」であることがわかります。たまたま、私の考えとは違うのです。そして彼女が信じていることと、私が信じていることは、等しく価値をもつのです。ですからお互いを愛することができます。母は空が青いと言い、私はわかるよと言います。私自身の体験は違うとわざわざ伝える必要もありません。もし母が私にどう思っているか、聞くことがあれば、次のように言うでしょう。

「ねえ、お母さん、私の体験は違うの。そして、お母さんが空は青いと考えていることも素晴らしいと思うの。私たちは、仲がいいね」

苦しんでいる息子を助けたい母親へ

私は息子に対して、次のように言うことができます。「ねえ、あなたが辛い思いをしているのはわかるの。私に何ができる？　あなたを愛している。どんなことでも私が助けられることがあれば、やるからね。愛している。私はここにいるから」。そう言って、彼を抱きしめることもできます。けれども、恐れが恐れを終わらせることはできません。痛みが、痛みを終わらせることもできません。

もし息子が、「いやママ、僕を助けることはできないよ。放っておいてくれ」と言ったなら、了解します。よいことです。なんて明確なのでしょう！　ですので、私は去ります。それにより、彼は自分自身を癒すことができます。私は彼に、私が幸せの源であるとは説きません。そんなことはまともではないでしょう。私が死んだら、どうなるでしょう？　息子は、幸せの源を失うのです。彼に彼自身を返してあげることこそが、愛です。

子供にとって何が最善かわかっていると考えるのは、痛みを伴う。

母親との葛藤を抱える人へ

母親というのは、常に正しいのです――母親は、正しいことが大好きです！　これまで、お母さんの考えを変えたことはありますか？――私たちに変えるという選択肢はありません。あなたが生きている間ずっと、お母さんが自分の正しさを主張したとしても、オープンマインドでいられれば、あなたが自由になれるのです。

お母さんにしてほしいことをリストアップしましょう。そして……

「母は私を愛すべきだ」――それは本当でしょうか？　これは、幻想の終わりです。誰であれ、あなたを愛すべきだというストーリーを持ち続けることがよい理由はありますか？　「母は私を愛すべきだ」というストーリーがなければ、あなたはどうなりますか？――ストレスなく、あなた自身でいられるのです。見せかけや仮面なしに。それは、私にとって自由な感じがします。

お母さんがあなたを愛するのを待っているというのは、拘束衣を着ているようなものです。お母さんにしてほしいことをすべてリストアップしましょう。そして自分がそれを実践しましょう。今。これはリアルな話です。お母さんにしてほしいんですか？――自分に置き換え、自分がそれを生きましょう。

シングル・ファーザーへ

あなたの奥さんが亡くなった、あるいは家を出てしまったために、あなたが子供の親権をもっているとしましょう。母親がいないために子供たちはよい状態になれないといえるでしょうか。これは大きなテーマです。「子供たちは、母親がいた方がずっといい」――それは本当でしょうか？　これは世界が好む「宗教」です。その考えが本当であると、絶対言い切れますか？――母親がいると、子供たちはよい状態にならないと言っているわけではありません。このワークは探求です。それ以外の何ものでもありません。心の内側を探り、発見するのです。

家族の中の駆け引きが、よりよい関わり方に変わる

あなたが「家族の領域」に入り込まないでいられると、家族はあなたが自分というものをもっていて、幸せであることに気づき、同じようにし始めます。これまでのあなたの生き方のすべてが家族に伝わっていましたが、新しいあなたのあり方を学び始めるのです。私の子供たちもそうでした。もう多くの問題を感じていません。なぜなら、私のように問題をもたない人間の前では、問題をもち続けることができないからです。

あなたにとっての真実を思いやりをもって伝えることができれば、それは家族の中で深く、効果的に伝わるでしょう。そして、家族の中の駆け引きを、よりよい関わり方に変えることができます。あなたが継続的に自分なりのワークのしかたを見つけていけば、あなたの家族は遅かれ早かれ、あなたと同じように世界を見るようになるでしょう。なぜなら、あなたの家族は、あなたの考えの投影だからです。彼らは、あなたのストーリーなのです。それ以外はあり得ません。あなたが家族を無条件に愛するまでは、自分を愛することはできません。つまり、ワークは終わっていないことになるのです。

子供に自分のことを愛してほしい時

子供たちに自分のことを愛してほしいのに、現実がそうではないとしたら、彼らにどう接しますか？　子供であろうが、誰であろうが、自分を愛してほしいと思うことに、ストレスを伴わないもっともな理由はありますか？　もし私が子供に対して、自分のことを愛してほしいという考えをもったなら、それは愛ではありません。私は子供たちに、愛したい人を愛してほしいと思います。その方がいいでしょう。子供は現実として、愛したい人を愛するのですから。私が子供たちの愛の方向性を変えることはできません。私はもう愚かではありません。人が自分に愛を向けさせることを愛と呼んだとしても、私はただ、あるがままの現実を愛するだけです。私は愛する喜びを知っているので、子供たちが愛をどこに向けるかは、気にしません。

「子供たちに私を愛してもらいたい」というストーリーがなければ、あなたはどうなりますか？　子供を愛するということは、自分自身を愛するということです。自分自身を愛するということは、子供たちを愛するということです。「子供たちに私を愛してもらいたい」というストーリーは、愛についての気づきを妨げてしまうだけです。

子供にアドバイスを求められたら……

私の子供たちが、どうすべきかと聞いてきたなら、私は「わからない」と言うでしょう。もしくは、次のように言うかもしれません。「似たような状況で、私の場合はこうしたらうまくいったの。いつでもお母さんが話を聞いてあげるということを忘れないでね。あなたがどんな決断をしても、愛している。あなたはどうすればいいか、わかるでしょう。間違いようがないのよ。保証してもいいわ」と。ようやく私は子供たちに真実を伝えることを学んだのです。

✣

問題が始まるのも終わるのもあなたから

あなたの家族は、自分の考えをあなたに投影するでしょう。それにより、あなたは彼らについてワークをすることができるのです。あなたは、自分自身のことをどう見ていますか？　これは重要な問いです。あなたは彼らのことをどう見ていますか？　彼らはワークが必要だと私が考えるなら、私がワークを必要とするのです。平和をもたらすために必要なのは、二人ではなく、ひとりだけです。それはあなたでなければなりません。問題が始まるのも、終わるのも、あなたからなのです。

❖離れて暮らす子供から電話ひとつないと嘆く親へ

「子供たちは、親を愛するべきだ」――それは本当でしょうか？　そう考えてもうまくいかず、私はあきらめました。心に痛みをもたらす考えは、あきらめるのです。私は内なる声にしたがいます。実はずっとしたがっているのですが、そのことに気づくようになっただけです。「子供たちは、親を愛するべき？」――決してそんなことはありません。私が子供を愛するべきなのです。私がその考えを実践する方がいいでしょう。とくに子供たちが電話をしてこない時は。娘の声を聞きたい時は、彼女に電話して、声を聞きます。それは私自身のためです。娘には関係ありません。娘に電話することで、落ち着き、心が豊かになり、電話を切る。そうするのがとても好きなのです。

結局のところ、子供をコントロールすることはできません。そもそも何に対しても、コントロールできないのです。コントロールすべきだと考えるのに、実際にはコントロールできていないと、気分が落ち込みます。

子供たちに感謝がないと腹を立てている親へ

子供たちは、あなたが親としてよくしてきたことをありがたいと思うべきだというのは、本当でしょうか？　あなたがどんなにずっと愛情深い親だったかを彼らが覚えていない時、あなたはどう接しますか？　あなたがこんなにも無条件に愛していることを子供たちが忘れてしまったら、何を伝えますか？　子供たちに自分がよくしてきたことを思い出し、感謝してほしいのに、彼らがそんなことしたくないとしたら、どのように接しますか？　気分を害しますか？　傷つきますか？　なぜ子供たちが時に、あなたのことをそんなに好きではないか、わかってきましたか？「子供たちは、ありがたいと思うべきだ」というのが、私たちの宗教です。置き換えてみましょう。「私がこんなにいい親だったということを、私はありがたいと思うべきだ」と。そして、その感覚を味わいましょう。どのようにいい親だったかという理由は重要ではありません。子供が病気の時も、健康な時も、あなたは子供のためにそばにいたのです。学校に送り出した時、子供の発表会に行った時、本を読んであげた時、お誕生日会を開いた時も。親に感謝するどころか、自分がしてもらったことを覚えていることすら、子供の務めではありません。あなたにとって大事な過去は、あなたが覚えていればいいのです。

子供に暴力をふるったことを後悔している親へ

「子供を叩くべきではなかった」という考えを信じなかったら、その子を前にしてあなたはどうなりますか？　罪悪感や恥の感覚があるからこそ、子供をまた叩くことを防いでくれるという考えは、逆効果です。罪悪感や恥を武器に、あなたは自分自身を攻撃します。そうした内なる暴力を引き起こしながら、自分自身を暴力から遠ざけようとしているのです。子供を叩くべきではなかったという考えを信じなければ、あなたは内なる暴力の中に生きていません。私はここで、何が正しくて、何が間違っているかという話をしているのではありません。子供を叩いた当時、あなたはその時に信じていた考えを衝動的に行動に移したのであり、その時のあなたにとっては、それが精一杯だったのではないでしょうか。

文章を置き換えて、「過去に子供を叩くべきだった」としてみましょう。そう言えますか？——現実としてそうだったのですから、そう言えるでしょう。「そうした時の気持ちはどうでしたか？」——よくないものでした。自分自身を傷つけたということが、それでわかります。子供を叩く時、あなたは自分自身を叩いているのです。

子供の領域に入り込まない

子供といる時、あなたが「今、ここ《プレゼンス》」にあり続けるなら、そこに豊かさがあります。そして、あなたが「彼らの領域」に入り込まないでいられれば、あなたにふさわしい人生のすべてがそこにあります。「今、ここ《プレゼンス》」の状態にある時、ストーリーがなく、あなたは豊かさそのものです。あなたが望んだすべてがこの瞬間、ここにあるのです。そしてあなたはそうした「今、ここ《プレゼンス》」を信頼できるようになります。そして、たびたび信頼できるようになると、あなたは最終的に、「今、ここ《プレゼンス》」そのものとして過ごします。なぜなら、何ものもあなたをそこから立ち退かせることはできないからです。

「子供にアドバイスしないのですか？」

子供たちにとって何がベストか、私には知りようもないのに、なぜアドバイスするようなことをするのでしょうか。彼らが、自分がしていることで幸せになるのであれば、それは私の望むところです。もし不幸せになるのであれば、それも私の望むところです。なぜなら、私が決して教えることができないことから、彼らは学ぶことができるからです。私は現実というものを称えますし、子供たちは私がそうすることを信頼できます。それに対して私も信頼できるのです。

親が賢明になれるのは、教えるのをやめた時だけ。

娘が自殺した親へ

あなたの娘が自殺したとしたら、それは誰の領域でしょうか？　彼女のために何が最善か知っているとあなたが考える時、それは愛ではありません。彼女にとって何が最善かをあなたはどう知り得るのでしょうか。彼女にとり、死よりも生がよいとどうしてわかるのでしょうか。彼女の生き方全体を尊重できなくなります。

もし私の娘が自殺しようとしていて、私がそのことを知ったら、彼女と話をし、何であれ、助けになると思ってもらえる方法で、身を投げうつでしょう。それでも自殺してしまったとしても、私は次のようには考えないでしょう。「あなたは私のためにこの世界に残るべきだった。あなたがとても苦しんでいたのは知っているけれど、私が辛い気持ちにならなくてすむように、本当にこの世界に留まり、苦しむべきだった」と。それは愛でしょうか？　あなたは本当に、娘さんに彼女自身の心の拷問部屋で生きていてほしいのでしょうか？　苦しみがあまりにも強くなる時、私たちはワークをすることができますが、そういうやり方を知らない場合、人によっては、銃や薬剤など、必要なら何でも使って、痛みをもたらす考えを追い出します。この思考システムを停止させなければいけないのです。毎朝、目を開けた時に、こうした痛みを伴う思考システムが動いているのは地獄です。

無条件の愛というのは、子供が生きるにせよ、死ぬにせよ、あなたの許可を得る必要がないということを意味します。「彼女は、自殺すべきではなかった」という考えを信じる時、あなたはどう反応しますか？　地獄を体験するでしょう。それでは、「彼女は、自殺すべきではなかった」という考えを信じなければ、あなたはどうなりますか？　そのストーリーがなければ、どうなるでしょうか？　その考えから解放されることにより、初めて娘さんと出会えます。そうなっているのです。

自分自身から学ぶことで、賢明な「教える人」となる

家族や友人たちへのあなたのアドバイスは、自分自身が活かすためのものです。あなたは自分自身から学ぶことにより、賢明な「教える人」となります。誰かがあなたの言うことに耳を傾けるかどうかは重要ではありません。あなたが聞くのですから。そしてあなたのあり方そのものが知恵となり、私たちに伝わります。あなたがビジネスをしたり、食料品を買ったり、お皿を洗っている時に、呼吸したり、歩いたり、しなやかに進んでいく姿に。

本質的自己に気づくということは、とても素晴らしいことです。どうしたら私たち自身に対して完全に責任を取ることができるのかを教えてくれますし、その中に自由を見つけることができます。心を満たすことを他者に求めるのではなく、自分の中に見つけることができるのです。

自分の存在が、幸せそのものであることを感じる

あなたの幸せが、子供たちが幸せになることにかかっているとしたら、彼らはあなたの人質にとられていることになります。ですから、子供たちの領域に入り込まず、自分の幸せのために彼らを利用することもやめ、自分自身の幸せになって下さい。それは、自分の存在が、幸せそのものであることを感じることです。そうすることによって、あなたは子供たちに対する手本となります。どのようにしたら幸せな人生を送ることができるかを知っている人として。

私の問題に責任があるのは、私

「親は、私の信念体系や問題の原因をつくったことに対して、責任がある」――それは本当でしょうか？――いいえ。責任をもっているのは、私です。それを知ることにより、私たちはずっと欲していたものを手に入れます。それは、「完全な自立」です。そして心の内側に入っていく、このワークという方法があることにより、自由でありたいと願うのであれば、苦しみが終わります。

私の娘が荒れていた頃

娘のロクサーンは一六歳の頃、大酒を飲み、ドラッグにも手を出していました。そうしたことは、私が問いかけに目覚める一九八六年より前に始まっていたのですが、自分がひどい鬱状態だったため、まったく気づきませんでした。私の中で問いかけが生きるようになってからは、彼女のふるまいと、それに対する自分の考えを自覚するようになりました。

ロクサーンは毎晩、新車の赤いスポーツカーで出かけていました。行き先を尋ねようものなら、怖い顔で私をにらみ、玄関のドアをバタンと閉めて出て行きます。その娘の表情に、よく思い当たるふしがありました。私自身、何年もの間、そんな怖い表情をしていたのです。

私はワークの問いかけを通して、自分が娘や他の人たちといる時に、かなり静かになることを学びました。話を聞くことを学んだのです。私はよく、夜中を優に過ぎた時まで、娘の帰りをじっと座って待っていたものです。それはただ、娘に会いたいという気持ちからでした。彼女がお酒を飲んでいることは知っていましたが、それに対して自分が何もできないこともわかっていました。私の頭に浮かんできたのは、次のような考えでした。「あの子はおそらく酔っ払い運転をしているから、事故に遭い、二度と会えなくなるかもしれない。私は母親だし、車を買い与えたのも私だから、責任がある。あの子から車を取り上げるべきだ（でもあげた以上は彼女のものだから、取り上げることはできない）。誰かを轢いてしまうかも。他の車や街灯の柱に衝突して、彼女も同乗者も死んでしまうかもしれない」――そんな考えが浮かんでは、それぞれに対して、言葉でも思考でもない問いかけがなされていきました。そしてそうした問いかけは、私を即座に現実に戻してくれました。ストーリーを外した真実は、「女性が、愛する娘の帰りを椅子に座って待っている」ということなのです。

ある晩、ロクサーンが週末の三日間外出していた後に、ひどく悲惨な表情で家に戻ってきました。私には、無防備な状態に見えました。彼女は、私が座っているのを見つけると、腕の中に崩れ落ちてこう言いました。「ママ、こんなこと、もう続けられない。お願い、助けて。ママがうちに来る人たちに何をしてあげているのか知らないけど、私にも同じことをして」。そこで、私たちは一緒にワークをし、その結果、彼女は「アルコホーリクス・アノニマス（アルコール依存症者のための自助グループ）」に加わりました。それ以降、娘はお酒にもドラッグにも手を出していません。ワークは、いかなる回復プログラムであっても、補完的に使うことができます。娘はその後、問題を抱えていても、お酒もドラッグも私も必要としなくなりました。ただ問題を書き出し、4つの質問をし、置き換えるということをやっていました。自分の内側に平和が見つかれば、外の世界にも見つかるのです。苦しみという幻想を超えてものごとを見る方法があるというのは、素晴らしい贈り物です。私の子供たち全員がワークを活用したことがあるというのを、うれしく思っています。

あなたの家族は、あなた自身の過去のビリーフを映し出したもの。

❦彼らの苦しみは「彼ら」の領域

愛する人が苦しんでいるという考えをあなたが信じる時、どう反応しますか？　苦しんでいるかどうかは「彼女の領域」ですが、苦しんでいるという考えを信じる時、あなたはどう反応しますか？——あなたは苦しみ、彼女がいる部屋から出ざるを得ないかもしれない。愛している人から離れなければいけない。あなたはその部屋にいたいのに、苦しんでいるという考えにより、部屋にいられないのです。

それでは目を閉じて、あなたがお母さんと部屋にいる様子を思い浮かべてみましょう。「お母さんは苦しんでいる」、「お母さんは苦しむべきではない」という考えをもたずに。お母さんと部屋に一緒にいる感じは大丈夫でしょうか？——もちろん、大丈夫なはずです。

私は自分の子供たちや孫たちを深く愛しています。そして彼らの苦しみは、「彼らの領域」です。彼らの苦しみは、彼らに任せます。あの子たちが生きても死んでも、自分が愛することはわかっています。彼らのことを愛するからこそ、その領域には立ち入らず、「今、ここ」を生きます。ただし、私は意図的に「今、ここ」にいようとしているわけではないのです。彼らが苦しんでいる時に部屋から出る理由がないだけです。そして、平和や愛があるところに、苦しみは持続しません。

親と対立する子供へ

「親は、私のことを決めつけるべきではない」――それは本当でしょうか？　あなたは、親は決めつけるべきではないと、決めつけていないですか？　親は、あなたがやっていることをやっているにすぎません。親に決めつけるのをやめてほしければ、あ、な、た、がやめてみて下さい。親が決めつけた時、そうするべきではないという考えにこだわっているとすると、親にどう接しますか？　決めつけるのが、親の役目なのです。何千年にもわたって、決めつけるのをやめるべきだと言われてきても、まだそうしているのです。このやり方には希望がないということにまだ気づかないのでしょうか。あなたが親との連絡をどれだけ断っても、距離を置いても、また、どれだけ怒りを（心の中で、あるいは実際に親に対して）爆発させたとしても、親はあなたのことを決めつけます。それが親のすることなのです。犬が吠え、猫がニャーと鳴くのと同じように。

自分の子供とのワーク

家でのコミュニケーションに関し、素晴らしい方法があります。あなたについて裁いたワークシートを読み上げるよう、子供に頼みます。これはコミュニケーションなのですから、どちらが正しいとか、間違っているということではありません。ひとつひとつの文章を子供が読むたびに、ただ、「ありがとう」と言って下さい。それ以上は必要ありません。愛というのは、聴くことです。この方法は、「受け取る」ということなのです。息子や娘のことを今、ただ受け取る以上にパワフルなことはありません。それは与えることであり、これほど大切なことはありません。

ひとつひとつの文章を受け取りましたか？　どういう点に真実味を感じましたか？　自己弁護したいという気持ちが何度、出てきましたか？　子供の意見は、あなたと関わりがあるでしょうか。ワークにより、子供の中の、そしてあなたの中の闘いが終わります。

自分の親とのワーク

自分の親について裁いたワークシートを書き、母親ないし父親のところにもっていき、ひとつひとつ読み上げるたびに、ただ「ありがとう」と言うだけで、最後までじっと聞いてほしいと頼みましょう。あるいは、ワークシートに書かれた文章の主語を自分自身に置き換え、その文章を親に読むということもできます。そうすれば、親と完全にひとつになれます。なぜなら、親がまだ知らないことであなた自身について言えることはないからです。あるレベルにおいて、親はあなたの最大の、そしてもっとも隠された秘密についてすでに知っているのです。驚くには当たりません。

亡くなった親に対するワーク

親が健在でなくても、ワークで裁くことができます。親に限らず、誰であっても。裁く相手は、あなたの頭の中に生きているのですから。あなたを癒すのは、頭の中においてです。家族がもう亡くなっている場合でも、健在の場合でも、まったく構いません。

子供が問題なのではない、私こそが問題

私が息子に怒鳴るのはよくありません。私はそのことに気づきました。世の道徳規範とは関係なく、私が彼に対して怒ることがあれば、彼について裁いたことを紙に書き、４つの質問をし、置き換え、息子が私の問題なのではないことに気づくでしょう。私こそが問題なのです。私にワークがあることを、子供たちはとても喜んでいます！

私は子供たちとはもう「関係をもつ」ということではなく、「つながって」いる。

原因と結果の法則

頭の中がクリアになれば、他のすべてがついていきます。現実を生きることに踏み出していけば、仕事やお金、子供など、あらゆることがついてくるのです。クリアになると、原因と結果がすべてはっきりしてきます。自分がこうすると、こういう結果になる。そのようになっているのです。

ワークに取り組むことで、初めて親のことを知る

自分自身のことが理解できるようになるまでは、親の話を聞くことすらできません。「親」は、自分のストーリーにすぎないからです。ワークに取り組むことで、初めて親のことを知るようになります。三〇年前に亡くなっている場合でも。

親が自分を認めてくれない、と悩む人に

自分のことを認めていない親について瞑想する方法がありますので、ご紹介しましょう。役に立ちそうでしたら、活用していただければと思います。

まず、目を閉じて下さい。もし父親であれば、自分のことを認めていない表情をしているお父さんのことを思い浮かべましょう。そして、お気に入りの椅子に座っている自分自身の姿も思い浮かべます。今度は、お父さんを子供時代の男の子として見て下さい。その子に対し、両腕を広げ、自分の膝の上に乗っかるように誘います。乗っかってきましたか？　今度は彼を抱きしめて、小さな頭や髪の匂いを嗅ぎましょう。ただ彼のことを感じて下さい。それから彼に対し、あなたが言いたいことを伝えます。愛していることも伝えましょう――もし本当にそう感じるのであれば。

終わった時点で、とても心に響く気づきを得ることができるかもしれません。お父さんが自分に対してしてほしかったように、あなたがお父さんのことを気にかけていることがわかるでしょう。これは、「置き換え」と同じです。「彼に私のことを愛してほしい」は、「私に彼のことを愛してほしい」となります。ストーリーを探求すると、幻想は一掃されます。そして探求が次のストーリーを明らかにし、私たちはそれを理解をもって受けとめることができます。ついにはすべての幻想が、ドミノ倒しのように崩れていきます。

自分自身への「置き換え」を生きる

もし私が、「母に私を愛してほしい」と考えるのであれば、常軌を逸しています。置き換えましょう。「私に母を愛してほしい」――母に対して、それくらいできるだろうと考えたことは、自分でやった方がよいのではないでしょうか。「母はただ自分の人生を投げ打って、私を愛すべきだ。彼女が何を望もうが、自分には関係ない。私を愛するべきだというのははっきりしている。それだけ」――これは愛ではありません。見返りを求めることなく、ただ愛するということはできるでしょうか？　自分自身の考え方を「生きる」ことはできるでしょうか？

自分自身への「置き換え」を本当に「生きる」ことができれば、母親と共にいる自分はとても謙虚になります。母親が誰を愛するべきか、頭の中で指図しなければ、自分自身を愛する感じがするでしょう。母親の愛を欲する時、自分がどう接するかがわかり、それはあまりいい感じではないからです。それで私は、家の中で自ら愛を体現する人間となるのです。

そうした態度は、伝染するようです。私が憎むと、子供たちも憎みました。今の私は、愛します。そして子供たちも愛します。それには努力を要しません。ですから私は確信をもって言うのです。「あなたが置き換えを体現すれば、私たちも後に続きます」と。あなたは、私たちに期待することを自ら体現する必要があります。あなたができないことを家族に期待してはいけません。あなたは学ぶことによって、教えに行くことができます。

家族の信頼を得る

あなたが本当にワークを体現し始めれば、あなたの家族も後に続くでしょう。それをやめさせることはできません。あなたが言葉によってではなく、生き方によって教えてきたことを皆、体現するからです。あなたの平和な生き方についていくでしょう。ただし、それにはしばらく時間がかかるかもしれません。なぜなら、初めはあなたのことを信じなかったり、あなたの戦略だと思ってしまうかもしれないからです。けれどもあなたがこのワークを生きるなら、策略ではなく、本物であり、愛なのです。そして彼らは最終的に、そうした愛を信じるようになります。私は子供たちに、どんなことでも言えます。それはいつも私にとって真実です。そして彼らがその真実を望まないのであれば、私に求めるべきではないことを知っています。いずれにせよ、私は彼らにとって、信頼できる存在なのです。

愛は傍観しない

たとえば、母親が子供を叩いているのを見たら、私はただ立って見ていることはないでしょう。かといって、そのお母さんに説教することもありません。自分がしていることをわからず、探求したことのない信念体系から行動しているのです。彼女は、ストレスとなる考え――「この子は失礼だ」、「彼は私の話を聞いていない」、「彼は口答えすべきでない」、「彼はそうすべきでなかった」、「彼は私に従う必要がある」――を信じているために、子供を叩かないではいられないのです。混乱した状態にあるのは、心に大きな痛みを伴うものです。私のやり方としては、問題の原因となっている彼女のところへ行って、「何かお手伝いできることはありますか？」と尋ねるかもしれません。もしくは、「私も自分の経験から、子供を叩くのはとても心が痛いということがわかります。私もその立場になったことがあるんです。よかったら、お話しませんか？」と言うかもしれません。

愛は、傍観しません。明晰さゆえのスピードで動きます。愛は、母親と子供の両方を含みます。母親が自分の考えと取り組む助けをすることは、子供を助けることにもなります。そして結局のところ、私はどちらのためにもやっているわけではないとわかっています。それは自分自身のためです。何が正しいかということについての私自身の感覚のためです。ですから、社会運動というのは、とても個人的なものとなります。そして私の経験からすると、社会運動は、頭の中がクリアで、意図性をもたないことによって、より効果的になります。

今日からは、自分自身のことを

探求していくと、最終的に自分を守ってきたダムが決壊します。そしてあなたはただ、両腕を広げて迎えます。そのように受容するひとつの方法は、親について裁いたワークシートの文章を自分に置き換え、親に対して読み上げるというものです。「お母さん、私はずっとお母さんに目を向けてきたけれど、今日からは自分自身のことを見ていきます。私が気づいたのは、自分がお母さんを操作するということ、尊重していないということ、どうしたら尊重できるかを学んでいるということ。私は本当に頑張っているから、辛抱強く見守って下さい」

「『今、ここ』に生きること」に及ぶものはありません。とてもエキサイティングです。そして、親に対するあなたの扱いは、配偶者や子供に対するものと同じです。なぜならあなたが対応しているのは、人ではなく、その人についての考えだからです。真実について話したり考えるのではなく、それを生きるというところにいるのが、とてもいいことです。

ただ、愛をもって見守る

私が初めて自分の中にワークを発見してから数年経ったある日、息子たちが居間でケンカを始めました。私は彼らのすぐそばの長椅子に座っていました。二人とも二〇歳代でりっぱな大人でしたが、床を転げ回って取っ組み合い、殴り合いながら、叫ぶのです。「ママ、こいつを止めてよ！」と。二人は、お互いにつながりをもとうとしながらも、他の方法を知らないように見えました。私はただ座りながら、愛をもって見守っていましたが、割って入ろうとはまったく考えませんでした。何かを「する」ということもなく、策略もなかったのです。すると突然、彼らは気づき、ケンカをやめました。彼らが自ら解決を見いだしたことは、喜ばしいことです。二人はそれ以来、ケンカをしたことがありません。

あなたの子供は、あなたに自由を与えるためにいます。子供の姿を借りた「神」なのです。あなたが必要としているすべてを与えてくれます。あなたが取り組むための素晴らしい対象がいるのです。私自身も取り組まなければなりませんでした。元夫、母、子供たち――そしてそれはすべて自分についてでした。

子を亡くした親へ

私の子供が死んだとしたら、現実に異を唱えることは、心の中に地獄を生みます。「あの子の死は早すぎた」、「成長した姿を見ることができなかった」、「あの子を救うために何かできたはずだ」、「私は母親失格だ」、「神は不公平だ」というように。けれども、その子の死は現実なのです。いかなる理屈をもってしても、すでに起きたことをいささかも軽くはしてくれません。祈っても、懇願しても、訴えても、自分自身を罰しても、現実を変えることはできないのです。自分の意思も、まったく力をもちません。

けれども、自分の考えに問いかける力はあります。そしてその考えを置き換え、あなたの子供の死が、亡くなっていない場合に匹敵する、あるいは長い目で見て、亡くなっていない場合よりもいいとさえいえる、真実味のある3つの理由を挙げます。お子さんにとっても、あなたにとってもいい理由を。この問いかけをするためには、徹底的なオープンマインドが必要です。そして、オープンマインドがもつ創造性ほど、現実に抗う痛みからあなたを解放してくれるものはありません。オープンマインドは、平和へと至る、唯一の道です。あなたが、起きるべきことと、起きるべきではないことを知っていると考える限り、「神」を操作しようとしているのです。それは不幸への処方箋になってしまいます。

死についてのストーリーの奥にあるもの

子供を失った親や身内は、とくに自分のストーリーへの執着が強いのですが、なぜそうなのかということは誰でも理解できます。悲しみを置いて前に進むことだけでなく、悲しみについて探求することさえ、子供に対する裏切りのように感じるかもしれません。私たちの多くは、他の見方をする心の準備ができていません。それも当然です。死についてのストーリーの奥にあるものを見るためには、多くの勇気を必要とします。

死は悲しいものでしょうか？　子供は死ぬべきではないのでしょうか？　死とは何かわかっているのでしょうか？　次から次へとストーリーや考えを重ね、「神」に対して、死とはこうだと教えようとしていないでしょうか？――気持ちが向けば、探求してみましょう。そして、現実との闘いを終わりにすることができるか、見てみましょう。

愛していることを認める

私たちは、自分の子供を愛しています。それは否定しようがないことですから、愛するための条件をつけずに受け入れた方がいいでしょう。そして私たちが受け入れる時、子供たちも親を愛していることに気づきます。それについても否定しようがないことですから、彼らは受け入れた方がいいでしょう。私の子供たちが大きくなっても私に抱きついてくるのは、素晴らしいことです。私が目覚める一九八六年までは、彼らが幼い時を除き、なかったことです。今は彼らが私に抱きついてくるのが普通です。私たちは年齢のことは忘れ、真実だけを求めます。子供たちと言葉を交わすこともなく、向かい合って座っているのは、いい感じです。彼らの存在を、言葉にできないほど近く感じます。

私たちは、夫や妻、母親、父親、子供たちとまだ出会ったことがない。
彼らについてのストーリーを探求するまでは、彼らが何者なのか、まったくわからない。

そこにいたのは、親に見せかけた「神」

もしあなたが、自分のためにいてほしいと考えるなら、あなたが自分と共にいて下さい。あなたと一緒にいるのは、私たちの役目ではありません。私たちの名前は、「神」です。私たちが自ら動くことはなく、あなたのために出かけていくことはありません。あなたが４つの質問を問いかけ、置き換えることを学ぶまでは。あなたが聖人と結婚したとしても、何も変わらないでしょう。聖人と暮らしていることすら、気づかないのですから。

あなたが見ていたのが親だと思うなら、思い違いをしています。そこにいたのは、親に見せかけた「神」で、あなたが必要とするものを与えているのです。自分のために親にいてほしいと思うたびに、心の痛みを味わうのではありませんか？　あなたは現実を見ていません。親はいないのです。自分のために何がベストかを知っていると思うたびに、あなたは傷つきます。親はあそこではなく、ここにいてほしいと思う時、あなたは傷つきます。なぜなら、現実というのは、親はいるところにいるべきだからです。あなたは、チェスの駒を動かそうとしますが、ゲームはすでに終わりを迎え、王手がかかっているのです。

母親に見せかけた「神」に対応する方法は、たったひとつ。無条件の愛をもって接することです。母親のことをどんな時でも、とても大切な存在として見ることができるようになるまでは、あなたのワークは終わっていません。母親の素晴らしいところは、あなたがうまくやっていると思っていても、あなたをどう刺激すればいいか、わかっているということです。

子供に対する執着とは？

私は子供たちを、二〇年前に失いました。自分が認識していた「子供」は存在していなかったことがわかったのです。それは極度の喪失でした。子供たちは私にとり、本当に死んだも同然でした。そして今、彼らのことをとても近くに感じます。彼らが私のことをどう感じているかは、「私の領域」のことではありません。私は彼らの世界の一部でありたいか？――いいえ。それよりも、自分自身の世界をもつことを望みます。私は彼らとどう人生を共有するのでしょうか？――共有しません。私は子供たちを家に招きますが、彼らは「イエス」と言う時もあれば、「ノー」と言う時もあります。彼らが私を家に招く時は、私も応じたり、応じなかったりします。

最終的に、あなたはすべてを失います。外的なものと思われているすべてが死ぬのです。すべてです。あなたは何ももつことができません。あなたは肉体としての夫をもつことはできないし、肉体としての子供をもつこともできません。ひとつの概念ももつことはできないのです。「無執着」は、夫や子供たち、家、車への執着を切ることだと考える人もいますが、実際はそれをはるかに上回る「死」なのです。

親の心が静かになれば……

私の子供たちは、今では床から靴下を拾うと言っています。彼らは今、理解できるのです。私のことを無条件に愛します。なぜなら、私の心が静かになることで、彼らは自分自身の声が聴こえるからです。私がビリーフを解放したすべてについて、彼らも解放せざるを得ません。

子供を含む外面の世界は、私の考えの表れであり、こだまのようなものです。目覚めの体験をする前に私から出たこだまが、内面の取り組みにより、返ってきたのです。それはまるで呼吸のようなものです。湖のようなものと言ってもいいでしょう。小石を投げ入れた結果、それだけの年数にわたって広がっていたさざ波が、戻ってくるようなものです。私は混乱から自分を解放しましたし、子供たちも今、そうしています。彼らは、私が教えた多くの考えに対する執着を解放しつつあります。彼らの心は、静かになっているのです。ワークは誰に対しても、そうした効果を発揮します。

私のことは信頼できます。そのために私から条件をつけることはありません。私の子供たちは、私が条件をつけるだろうと思うことがあるかもしれませんが、そうではありません。彼らが私を憎むなら、それでもいいし、愛するなら、それもいいこと。私は、彼らのストーリーなのです。彼らのストーリーなしに私は存在しません。

すべてはあなた次第

私たちは、どう変われるか、どう許せるか、どう正直になればいいか、わかりません。私たちは、お手本を待っています。それはあなたです。あなたがあなたの唯一の希望です。なぜなら、あなたが変わるまで、私たちは変わることができないからです。私たちの役目は、あなたにできるだけ全力で挑戦し続けることです。あなたが理解するまで、あなたを怒らせ、気分を害し、嫌悪感を感じさせるあらゆるものを使って。私たちはあなたをそれほどまでに愛しているのです。私たちが気づいている、いないにかかわらず。

この全世界は、あなたについてです。ですから、ワークを日常で活かすには、私たちのことを「〜すべきだ」と裁いているあなたの中の声から始めましょう。その声が実際にはあなたに対し、どうすべきかを言っているということに気づいて下さい。「彼は、靴下を拾うべきだ」と言っているとしたら、置き換えて、「私は、靴下を拾うべきだ」に耳を傾けましょう。そして、ただ拾って下さい。努力を要せず、限りがない流れの中に留まりましょう。靴下を拾うことを愛するまで、拾い続けます。なぜなら、それがあなたの真実だからです。そして唯一、きれいにする必要がある家とは、あなたの頭だけだということを知って下さい。

ある時点で、あなたは自分の深奥にある苦しみに到達し、解決したいと望むかもしれません。その苦しみにおけるあなたの分の責任が見えるまで、ワークを行って下さい。それから、あなたが価値判断を下した人のところへ行き、謝りましょう。そして、あなたが自分について気づいたこと、そしてあなたが今、自分にどう取り組んでいるかについて伝えるのです。すべてはあなた次第です。こうした真実を語ることが、あなたを解放します。

3章

仕事とお金にまつわるストレスを減らす

仕事とお金の問題が、結局は思考の問題ではなかったというケースを、私は今まで見たことがありません。私もかつて、幸せになるにはお金が必要だと信じていました。ところがお金をたくさん手にした時でさえ、何か悪いことが起こって、失ってしまうのではないかという恐れにさいなまれ、調子を崩すことがよくありました。どれだけのお金と引き換えでも、あのストレスは二度と体験したくありません。

ストーリーやビリーフからの解放により、仕事やお金についてクリアに判断することができます。ストレスが減って仕事に集中でき、質を高めることができます。クリアに人と関わり、行動することが可能となり、とても効果的な働き方となります。

次の事例は、ワークショップにおける参加者とのやりとりを収録したものです。

事例3

「あなたにはもっとお金が必要だ」
――それは本当でしょうか？

ケイティ　「[参加者に向かって]『自分にはもっとお金が必要だ』というビリーフをもっている人は、どのくらいいますか？　手を挙げて下さい」[多くの人が手を挙げる]

ケイティ　「わかりました。それでは、探求してみましょう。『自分にはもっとお金が必要だ』――**それは本当でしょうか？**　あなたにはもっとお金が必要だということに全世界が同意しますか、大半が賛成するということでもいいですけど」

ケイティ　「あなたにはもっとお金が必要ですか？――答える前に、少し時間を置いて下さい。『自分にはもっとお金が必要だ』という考えが本当であると、**絶対言い切れますか？**　[間を置いて]　興味深い問いかけですよね。あなたはまだ、未来に足を踏み出してすらいないんです。あなたは未来にもっとお金が必要だと、絶対言い切れますか？」

ケイティ　「それでは、『私にはもっとお金が必要だ』という考えを信じる時、**どのように反応しますか？**　私たちは、ストレスを生む考えに目を向けているんです。『私にはもっとお金が必要だ』という考えを信じながら、実際にはそれだけのお金がないとしたら、どのように反応しますか？　何が起きますか？」

参加者　「ストレス。恐れ。フラストレーション。失敗」

ケイティ「それでは、『自分にはもっとお金が必要だ』と考えていながら、それだけのお金をもっていない時、どのような光景やイメージが浮かびますか？」

参加者「負のイメージ。ホームレスとか」

ケイティ「自分がホームレスになっているイメージが浮かぶ人もいるでしょう。年を取り、路上で暮らしている。そして孤独な感じ。『自分にはもっとお金が必要だ』という考えを信じる時、そうしたイメージが見えるのです。それから、その考えを信じる時、体の感じはどうですか？　体の中で、何を体験しますか？　『自分にはもっとお金が必要だ』という考えを信じながら、実際にはそれだけお金をもっていない時、どこで感じますか？　その感覚は、体にどのくらい影響を与えますか？　体の感じにしたがって下さい。自分がどれだけ緊張するか、気づいて下さい。もしかしたら、胸が締めつけられる感じがするかもしれません」

ケイティ「それでは、『自分にはもっとお金が必要だ』という考えがなければ、あなたはどうなりますか？　たとえば、今日についてでもいいですし、その考えをもたずに生活していた過去のことを思い浮かべてもいいです。仕事をしている時のあなた。買い物をしている時のあなた。家にいる時のあなた。そうした時、『自分にはもっとお金が必要だ』という**考えがなければ、あなたはどうなりますか？**」［間］

ケイティ「人生には、二つの生き方があります。ひとつは、ストレスで参る。もうひとつは、

そうならない。どちらにしても、今、実際にもっている以上のお金をもっているということはありません」［参加者笑う］

ケイティ「『自分にはもっとお金が必要だ』――反対の内容に**置き換え**て下さい」

参加者「『自分にはこれ以上のお金は必要ない』」

ケイティ「この置き換えた文章には、どう真実味があるでしょうか？――たった今、この瞬間から始めましょう。あなたは、これからもずっと『今、ここ』にしかいられないんですから。置き換えた文章、『自分にはこれ以上のお金は必要ない』は今、この瞬間、どのように真実味があるでしょう？」

参加者「今、ここで自分は問題なく生きているから！」

ケイティ「あなたは問題なく生きている。今、ここで。あなたは今、ここにおいて大丈夫なのです」

参加者「昼食も食べたし」

ケイティ「そうですね。昼食も食べることができたし、今、ここで大丈夫なのです。［間を置いて］これからお金のことでストレスを受けたら、そのことに気づくようお勧めします。『自分にはもっとお金が必要だ。今、ここで』――**それは本当でしょうか、**と」

ケイティ「それでは、次のように想像してみて下さい。あなたは家から立ち退きを迫られている。車もすでに取られた。あなたの支払いが滞ったため、銀行や行政はあなたのものをすべて取り上げてしまった」

ケイティ「それでは目を閉じて、自分が戸外に座っていることを想像して下さい。通りの反対側にある、かつての自分の家を見ています。よろしいですか？　それでは、あなたはどこに座っているでしょう。歩道の縁石でしょうか？　アスファルトの上でしょうか？　そして自分自身にリアルに問いかけて下さい。『自分にはもっとお金が必要だ。今、この瞬間に』――**それは本当でしょうか**。あなたは大丈夫ですか？　あなたは今いるところに座っています。空が美しい。あなたはかつての自分の家を見ています。その考えがなければ、もうローンを払わなくていいことをとてもありがたく感じているかもしれません。そして、歩く習慣を身につけたいといつも思っていたから、車を取られてもありがたいと思えるかもしれません」［参加者笑う］

ケイティ「真剣な話として、『自分にはもっとお金が必要だ』という**考えがなければ、あなたはどうなるでしょうか**。縁石に座っている。空や、あなたを支えている大地に気づく。涼しい風が吹いている。花々も咲いている。あなたがそのために何をしたというわけでもないのに。すべて与えられています。それは恵みです」

ケイティ「お金があってもなくても、私たちには幸せになる権利があります。生まれながらもつ権利なのです。もし、家や車などの所有物次第ということになれば、心の平和は見込めません。私の体験では、平和は無条件です。重要なことは、何が真実で、何が真実でないかということです。想像と現実の違い。ワークはそのためです。何が想像で、何が現実かを発見すること。そして、現実というのは常に優しいということが私にはわかりました。そういう性質のものなのです。けれども私たちが現実に対して、自分なりのストーリーをかぶせてしまうと、現実についてのビリーフを探求しない限り、恐れが発生します。とてもシンプルな話でしょう？」

❖変える必要があるのは、私たちの考えだけ

人によっては、仕事やお金についての考えが人生を支配しています。けれども、私たちの考えがクリアであれば、仕事やお金は問題ではありません。変える必要があるのは、私たちの考えだけです。実際、変えることができるのは考えだけ。それはとてもいい知らせです。

「ワーク」は、恐れなく、明晰さとヴィジョンをもって仕事をするためのもの。

お金に執着しなくなると、お金があなたを見つける

あなたがなぜお金が欲しいかというと、幸せを買うためです。ワークは、お金があってもなくても、あなたに幸せを与えます。そして、お金はそんなに重要ではないということが明確になります。お金に対して執着しなくなるからこそ、お金はあなたのことを見つけざるを得なくなるのです。それは法則です。

恐れやストレスこそが、お金を稼ぐ動機になると信じる人がいます。けれども、それは本当でしょうか？　恐れやストレスが動機としてなければ、同じだけの、あるいはそれ以上のお金を稼ぐことはできないという考えが本当であると、絶対言い切れますか？「自分が意欲を起こすには、ストレスが必要だ」——その考えを再び信じることがなければ、あなたはどうなりますか？

あなたの本当の仕事とは？

あなたが外面の世界でする仕事は、二次的なものです。あなたが価値判断を下し、探求し、自分を知る場にすぎません。あなたの本当の仕事とは、あるがままの現実をありがたく受けとめること。一次的な仕事とは、クリアな状態であることなのです。

物質的なものは、あなたの考えの象徴《シンボル》です。比喩なのです。私たちは、物に対する執着を手放す必要はありません。来たり去ったりするものなのです。私たちにはコントロールできません。できると考えるかもしれませんが、現実にはそうではありません。物に対する執着を手放すべきだと最初に教えたのは誰か知りませんが、少し混乱していたのでしょう。あらゆるものを失ってしまえば、ずっと自由になることに気づくと、貧乏な生活をした方がいいと考えてしまいますが、いざそうなると、もはや自分が自由ではないことに気づきます。そうではなくて、自分の考えに取り組めば、莫大な富を得ることも、何ももたないことも同じになります。それこそが唯一の自由です。

望みは自由であること

イエスも仏陀も衣をまとっていただけで無一物だったため、自由とはそのようなものだと考えてしまうかもしれません。けれども、通常の生活を送りながら自由であるということはできないでしょうか。今、ここから。私はあなたがそうできることを願っているのです。私もあなたも、望むものは同じ。それは、あなたの自由です。また、あなたが所有している、いないにかかわらず、物質的なものに執着しているのもいいことです。それにより、あらゆる苦しみの始まりは、世界にあるのではなく、自分の思考にあることに気づくのですから。

お金は、「私の領域《ビジネス》」ではない。私の考えは、「私の領域《ビジネス》」。私には他の仕事《ビジネス》はない。

なぜ物に執着するのか？

あなたは、あの緑の車が手に入れば、人生がはるかによくなると考えます。なぜなら、あの車をもつということには、何らかの意味があるからです。その意味とは、何でしょう？　たんにあなたが緑の車をもっているということかもしれません。あなたが町の通りを車で走っていると、誰かが、「なんてことだ。緑の車で何してるんだ」と言うかもしれませんし、他の人は、「わあ、彼女は緑の車をもってる！」と言うかもしれませんし、またもうひとりは、「フン！　なんで彼女が緑の車をもてるんだ？」と言うかもしれません。意味づけは、あなたの考え次第なのです。

私たちは、物に執着するのではありません。それらについてのストーリーに執着するのです。「美しい」、「古い」、「壊れかけている」、「素晴らしい走りを見せている」、「仕事に行くのに必要だ」、「車がなければ困る」、「カッコイイ」、「私がいい感じに見える」、「私の生活がうまくいっていることが伝わる」といった考えに執着するのです。ストーリーがなければ、車もありません。もちろん、物体としての車をもたないといっているのではなく。ストーリーを外した現実はこうです。「女性（私）が車に乗り込み、仕事に行く」、あるいは、「女性（私）が仕事を失うが、もっといいことがやってくる。そしてバスに乗って、仕事に行く」ということです。

仕事に頼らない

この内面の世界の探求に入る人たちにとり、仕事は二次的なものであり、心の自由がすべてです。仕事は来たり去ったりしますし、会社も浮き沈みがあります。あなたは、仕事に頼っていないのです。自由こそ、私たち皆が欲するものであり、すでに私たちそのものなのです。いったん探求の方法を手にしたなら、仕事においていくらでも大きな望みをもつことができます。なぜなら、もはやあなたは失敗しようがないからです。起こりうる最悪のことは「考え」であることを知っているからです。

あなたの仕事は、あるがままの現実をありがたく思うこと。それには、上司に感謝することも含まれる。そして上司に感謝するということは、あなた自身に感謝するということ。

お金を介在させずに、ただ喜びを感じる

あなたがお金を欲したのは、喜びを感じるため。ですから、お金を介在させずに、ただ喜びを感じましょう。だからといって、同時にお金を得ることができないということではありません。富める時も貧しい時も、喜びを感じることができますか？　……できるでしょう。自分自身とのつながりを感じることから始めましょう。心の奥から、いくつかの質問に答えるだけでいいのです。

「私はお金が必要だ」というストーリーを二度と信じることがなければ、あなたはどうなりますか？　お金が必要だと考えなければお金は手に入らない、と信じてきた。けれども真実としては、お金を手に入れることと、お金が必要だとか必要でないと考えることとは、まったく関係がないのです。

自分の財産を安全に守りたい人に

自分の中にワークを発見してから――ワークが私を発見してから――、私は、たとえお金が少ししかなかった時でも、全然なかった時でも、常にその時の自分がちょうど必要としているだけのお金をもっていることに気づくようになりました。幸せというのは、頭の中がクリアであることを意味します。明確でまっとうな考えがあれば、どう生き、どう仕事をし、どうメールを送ればいいか、どう電話したらいいか、わかります。そして、クリアな心が望んでいることを恐れなく実現するためにはどうしたらいいかも。

あなたは、お金が安心できる状態であってほしいですか？　それは無理です！　銀行はつぶれるし、国は爆撃されるし、人は嘘をつき、約束や契約を守りません。安心など、望むべくもないのです。

お金は空気のようなもの⁉

「自分のお金が安全であってほしい」という考えを信じる時、あなたはどのように生きますか？「自分のお金が安全であってほしい」という考えがなければ、あなたはどうなりますか？　あなたは、周囲の人ともっと気楽にいられるかもしれません。「寛容の法則」、すなわち、恐れなくお金を手放せば、お金も恐れなく戻ってくるということに気づくことすらあるでしょう。

あなたは、今もっているお金以上に必要とすることはありません。そのことが理解できれば、お金で得ようとしていたすべての安全を自分がすでに手にしていることに気づくでしょう。こうした態度でいると、はるかにお金を得やすくなるのです。お金は、適切な所持者がいる時に入ってくるのです。

「自分のお金が安全であってほしい」という考えにより、あなたはお金を出し惜しみする立場になります。それにより、最低限のお金が出て行きますし、最低限のお金が返ってきます。そうした考えをもっていると、たとえ数千億円のお金が戻ってきても、実感が湧きません。なぜなら、「お金の安全を確保しなければ」という考えに執着しているからです。お金を所有しているというよりも、お金に悩まされています。お金があなたを所有しているのです。

「私の考えが安全であってほしい」と置き換え、それを生きるならば、お金は必要ありません。お金がもたらしてくれると望んだすべての安全を自分がすでに手にしていることに気づくでしょう。お金は空気のようなものです。あらゆるところにあるのです。お金をもたないためにできることはありません。そしてあなたがもっていないとしたら、必要としていないからです。ですから、お金を介在させずに、直接、自由になることができます。すでにもっている以上にお金を必要とすることはないのです。

ワークというのは、内なる原因と結果についてであり、外的なものについてではない。

働きたいと思って働いてきた

「私は働かなければいけない」というビリーフは、真実だった試しがありません。あなた自身が提供した贈り物の喜びを感じないようにするためにしがみついている偽りなのです。誰も働かざるを得ないということはありません。自らそうしたいと思って働いてきたのです。

「貧富」は、あなた自身の頭の中に

「貧富」は、あなた自身の頭の中にあります。あなたは千円しかなくてもお金持ちになれるし、逆に数千億円あっても貧しくなり得ます。恐怖心を引き起こすのは、お金についてのあなたのストーリーにすぎません。あなたのこれまでの人生で、十分お金がなかった時があるでしょうか？　あなたの周囲は豊かさに満ちているのに、気づくことさえありません。「自分には十分なものがない」という考えがなければ、あなたはどうなりますか？　あなたを恐れさせることでお金を稼ぐよう仕向けるビリーフがなければ、あなたはどうなりますか？

あなたはお金をコントロールしているわけではない

「私の許可なしに、私のお金が他の人に渡ってはいけない」――それは本当でしょうか？　それは素晴らしい「神話」です。現実的にはどうなんでしょう？　あなたのお金は、あなたの許可なく、他の人のところに行くでしょうか？　もちろんそうです。ということは、この文章は偽りということになります。時にあなたは、お金を出し惜しむことで、その行き先を自分がコントロールしていると考えてしまいます。けれどもあなたがしていることはすべて、こうした偽りの考えがうまくいっていると自分自身に証明することなのです。そして、コントロールをさらに強めようとします。それはあなたを孤立させ、つながりを断つ不毛の場所です。とても恐ろしく、本当に孤独です。そうした場所にいると、自分がお金をもっているのは出し惜しみするからだと考え、また自分自身にそのように言い聞かせます。けれどもそれは幻想です。あなたがお金をもっているのは、お金をもっているからです。コントロールしているわけではありません。木は、あなたの助けを借りなくても、葉を繁らせます。これこそが豊かさです。あなたはこの豊かさを得るために何もしていません。

執着しているのはビリーフだけ

母親についてジャッジメント・ワークシートに記入し、あなたの回答を一番目から、すべて読み上げて下さい。そして、「母」という言葉を、「お金」に置き換えましょう。私たちが執着しているのはビリーフだけで、「お金」とか「母」とか、いかなるものでもないことがわかるでしょうか？　考えを信じている時、それは、私たちにとっての「神」となります。考えを探求することにより、これまで信じてきた世界がなくなります。最初から存在しなかったのです。問題は、お金でも母親でもなく、あなたが執着している考えなのです。

「その時」が来ることはない

あなたは自分自身をケアするのではなく、お金をケアしてきました。あなたはこう考えるのです。「十分なお金がつくれたら、お金を安全に確保できたら、自分自身のケアをしよう。その時、幸せになるだろう」。そして、「その時」が来ることはないのです。

「貧しさ」というのは、内面の状態。
自分が何かを知っていると考えるたびに、あなたは「貧しさ」を体験している。

✧お金は何もせず、そこにあるだけ

「お金はエキサイティングで、冒険をはらんでいる」――それは本当でしょうか？　お金は何もせず、そこにあるだけです。お金は考えることも、感じることも、知ることも、気にかけることも、特別扱いすることもありません。ただあるがままです。金属片や紙です。金塊ですら、金属のかたまりにすぎません。あなたがお金に対してもつストーリーこそがあなたをゾクゾクさせ、興味を引き、怯えさせるものなのです。お金というものが何をするか、どのように出入りすべきか、あなたはストーリーを語ります。それにより、自分を天国にも地獄にも行かせることができます。

目指している職業があるのに、うまくいかない人へ

あなたは、あなた自身の上司です。たとえ世界で一番単調な仕事をしていたとしても、あなたはあなたの上司なのです。もしあなたが自分の仕事を好きでなければ、ワークへようこそ。

あなたにとって最高によいのは、アーティストになることであるというのは、本当でしょうか？　そう考える時、あなたはどのように反応しますか？　アーティストよりも高尚ではない仕事に満足することを拒絶し、アートに専心するまでの時間稼ぎにすぎないとして、そうした仕事を嫌うかもしれません。ですから、あなたはいつも未来に生きていて、「今、ここ」にいません。「アーティストとしてのキャリアをもつはずだ」というあなたのストーリーがなければ、あなたはどうなりますか？

仕事で認められたい人に

「自分のことを会社は認めるべきだ」――それは本当でしょうか？　会社では、ただ仕事をしているだけです。会社は給料を払い、社員は責任をもって仕事します。けれどもあなたは、私たちの今のあり方を改め、あなたを認めるようにしてほしい、と。私たちがあなたを認めるべきだとあなたが考えているのに、実際はそうではないとしたら、あなたはつながりを断ちます。それは私たちに関わりのないことです。認められる必要があるという、正気でない考えを信じる時、あなたはどのように反応しますか？　うつろになり、自分の仕事を嫌いになり、私たちのせいだと考えるのです。

「会社は今やっていることをやめ、自分を認めるべきだ」という考えを信じなければ、あなたはどうなりますか？――私たちがあなたを認めているかどうか、わざわざ確認しなくなるかもしれません。あなたは、自分自身の領域に留まるかもしれません。そして仕事を愛するかもしれないのです。私たちがあなたを認めるべきだという考えではなく、仕事そのものを見ることによって。そして給料日が来たら、とてもうれしいでしょう。なぜなら、時間つぶしではなく、本心から仕事をした対価であることがわかるからです。

あなたを悩ませる仕事というのは、ありません。悩ませるのは、あなたの考えだけです。あなたには、ひとつの仕事しかありません。それは、あなたの考えに取り組むということです。

転職を迷っている人に

真実とは何か、あなたがわからないのであれば、そこにあります。それは「現実《リアリティ》」と呼ばれています。現実《リアリティ》――一番最後に気づく場所です。あなたが仕事をもっていて、本当は他の仕事をすべきなのにと考える時、どのように感じますか？――とても心が痛みます。「私は、他のことをしているべきだ」というストーリーがなければ、あなたはどうなりますか？――「今、ここ」にいて、すべきことをし、仕事にうまく対応できるでしょう。そして、あなたがそれだけクリアな思考《マインド》をもつ社員であれば、昇進ということもあるでしょう。それが「一貫性《インテグリティ》をもつ」ということです。置き換えてみましょう。――「私は、他のことをしているべきではない」――そうです。今は、他のことをしているべきではありません。将来のことはわかりませんが、今はこの仕事がいいのです。唯一、今、よくないのは、あなたをよいことから遠ざけているストーリーです。

「成功」したい人へ

多くの人が成功願望につき動かされていますが、成功とは何でしょうか？　何を達成したいのでしょうか？　私たちが人生でしているのは、たった三つ。立つ、座る、そして横になることです。成功した後も、私たちは立ち上がるまでどこかに座っています。そして横になるか座るまで、立っているのです。

成功とは、概念であり、幻想です。四千円の椅子より、四〇万円の椅子を欲したとしても、座ることに変わりありません。「椅子」という言葉を、「車」や「家」、「ビジネス」に置き換えることもできます。あなたが座ることができるのは、一度に一箇所だけです。この比喩を使って言いましょう。もし私が、今、もっている椅子があるのに、別の椅子をもつべきだと考えたなら、正気の沙汰ではありません！　私は同時に二つのことを望んでいるのであり、唯一の苦しみとは、混乱なのです。「私は他の椅子が欲しい」というのは、偽りです。私が欲しているのは、明らかに、今もっているこの椅子なのです。そのことを理解できれば、もう混乱はありません。私が欲しているのはこの椅子だと、どうしてわかるかですって？　今、座っているからです。

仕事が辛い人へ

「私は仕事に行かなければいけない」という考えが、あなたの人生を戦場にしてしまいます。実際には自分がそこで働くことを選択しているにもかかわらず、その現実に抵抗していると、ビリーフが蓄積し、仕事が辛い場となってしまうのです。それに対し、朝目覚めた時、自分がこれから働きに行くことを知っていて、ただ心穏やかに出かけていくと、仕事が喜びとなります。

あなたは、嫌っていると思っている仕事を実は愛しているのです。ビリーフを除くと、今の仕事はあなたのためにあるといえるのです。なぜかというと、実際に今、あなたがやっているからです！　あなたが今の職場にいるのは、そうせざるを得ないからではないということに気づきさえすれば、社長にだってなれるでしょう。仕事にまつわるビリーフをすべて解放すれば、会社はあなたのような社員を欲しがり、高待遇で応えるでしょう。あなたは愛から行動しているのですから。

アシスタントに不満なのに解雇できない重役

ある時、ある会社の重役とワークをしたことがあります。

重役　「私のアシスタントは、もう一〇年も働いてくれているんだけど、あまり有能ではないんです。でも、彼女には子供が五人もいるからなあ」

ケイティ　「彼女を引き留めるのは、子供がたくさんいれば、仕事ができてもできなくても働かせてくれる会社だと、他の社員全員に言っているようなものですけど」

重役　「なかなかクビにはできないんですよ」

ケイティ　「お気持ちはわかります。それでは、適任者に代わってもらい、母親を必要としている五人の子供のところへ彼女を返し、毎月お給料だけ払ったらいかがですか？　その方が、今のやり方よりも正直ですよ。罪悪感は、高くつきますから」

そして、その重役がジャッジメント・ワークシートをアシスタントの前で読み上げると、彼女は自分の仕事ぶりについて書かれたことのひとつひとつに同意しました。内容が明確で、真実だったからです。私は彼女に、「何か提案はある？　もし、あなたが自分の部下だったら、どうする？」と尋ねました。人は、何が起きているか気づいた時には、自分から辞めるものです。実際、彼女はそうしました。その後、彼女は自宅に近い別の会社で同じような仕事を見つけて、よきアシスタントとなり、よき母にもなることができたのです。その重役は、アシスタントに対して「忠実」にさせた思い込みを探求したことがなかったことに気づきました。現実には、アシスタントも彼と同じくらい、その状況に居心地の悪さを感じていたのです。

あなたが誰かを解雇すべきなのは、いつでしょうか？——それは明快です。その仕事を済ませたい時です。あなたは、その仕事を済ませたいのでしょうか？　済ませたくないのでしょうか？　自分を欺くのは、終わりにしましょう。それにより、理解をもって相手と話ができるのです。なぜなら、あなたは自分自身の人生に責任があるからです。

❖あなたの恐れは……

あなたの恐れは、一貫性《インテグリティ》の欠如にすぎません。それだけのことであり、不思議はありません。ワークシートに記入し、探求したら、恐れがもう湧いてこないことに気づくでしょう。もしまだ湧いてきたとしても、あなたという受けとめてくれる友人がいるのです。そこには平和があります。恐れが一貫性《インテグリティ》を欠くことだとわかるのは、偽りの中にいる時、あなたは心地がよくないからです。内面の一貫性《インテグリティ》を失い、心に痛みを感じるまでは、人生はシンプルです。一貫性《インテグリティ》を失ったということは、心地よくない感じがするのでわかるでしょう。「ねえ、よく見て。正直になって」と言っているのです。

物を売るために唯一重要なスキルとは

もしあなたが、本当に売っている製品を信じ、自分自身を信じるなら、売り込む必要はありません。けれども、私たちにとって何がベストか、自分は知っているとあなたが考えるなら、あなたは傷つくことになります。現実としては、私たちにとって何がベストか、あなたは知らないのです。私は一瞬たりとも、あなたが必要とするものを自分がもっているとは考えません。そんなことを信じたら、正気の沙汰ではないでしょう。私があなたのために望んでいることは、あなたがあなた自身のために望んでいることです。物を売るために唯一重要なスキルというのは、リアルであることです。

何についても気にかける必要はない

もしあなたの心がクリアであれば、友達も仕事も家族もお金も何もなくても、世界に出て行き、まったく幸せに生きていくことができます。豊かさに恵まれないということはあり得ないのです。ビリーフの向こうにある静けさにあっては、すべてわかっています。どこへ行くべきか、何をすべきか、いつすべきか、といったようなことすべて。私がどのように生きているかというと、もう何についても気にかける必要はないのです。

お金を必要としていますか？

あなたが仕事でとても成功し、使い切れないほどのお金を稼いだとしたら、何を手に入れますか？——幸せでしょうか？　そのためにお金が欲しかったのではないでしょうか？　それでは、一生継続する近道として、次の質問に答えて下さい。「私の将来は、たくさんお金を稼げるかどうかにかかっている」という考えがなければ、あなたはどうなりますか？——もっと幸せを感じる。もっとリラックスする。お金があっても、なくても。お金を必要とした理由のすべてをあなたはもつことになるのです。

お金を必要としているというビリーフがあることで、あなたは安全を保てると考えます。「そのビリーフを手放したら、お金を稼がないとだめだと脅しにかかるのは誰でしょうか？」——そのビリーフがなければ、意欲につながらないとあなたは考えます。けれども、本当にそうでしょうか？　恐れをかき立てようとしなければ、あなたはお金を稼げず、たんなる非生産的なかたまりになってしまうのでしょうか？　そして、お金を稼ぐ意欲につながらないという考えを信じる時、どのように反応しますか？「インセンティブ」という考え方はありますが、そのとらえ方が少し行きすぎになりがちです。

失業の不安を抱える人に

仕事を失いそうだと考えているとしたら、いいことです。とてもエキサイティングです。ワークをしましょう。ワークを生きましょう。気づきを得ましょう。そして、仕事を失っても、それよりもいいものがあなたを待っているということを知って下さい。必ずもっといいことが待っているに決まっています。なぜなら、宇宙にはよいことしかないからです。「仕事を失わなければ、私の人生ははるかによくなる」――その考えが本当であると、絶対言い切れますか？　気づきをもちながら瀬戸際で生きていることほど、エキサイティングなものはありません。

私の息子は、とても大きなレコーディング契約の機会を逃しました。それで私に電話をしてきて、こう言いました。「お母さん、僕は素晴らしい契約を逃した。そして、次にどんなもっといいものが来るかと、エキサイティングな気持ちなんだ」

子供にお金をあげたのに感謝されないと嘆く人へ

次に子供にお金をあげる時には、与えることが受け取ることであると気づいて下さい。それ以上に受け取れることはありません。受け取るということは、与える瞬間に起きます。その瞬間だけで終わります。子供に対し、自分に感謝すべきだとひとつの期待、ひとつの欲求でももったなら、あなたはあげることによって受け取った贈り物を失ってしまいます。愛は衝動的な行為であり、自由です。私の寛容さは、私のもの。受け取ったあなたがどのようなストーリーを語ったとしても、私に影響しません。私の贈り物は、私が受け取るものなのです。探求せずにとんでもないストーリーをつけ加えることは、あなたという贈り物を失うことになります。

お金を失った人に

何かを失うとしたら、あなたは救われたのです。そうでなければ、「神」はサディストということになります。私がお金を失ったとして、そのお金が不要であることがどのようにわかるでしょうか——実際になくなったからです！　私は救われたのです。そのお金が手元に残っていたとしたら、明らかに、失った場合よりも役に立っていなかったでしょう。

夫が事業に失敗した妻へ

夫は事業に失敗すべきではないというストーリーをもち続ける正当な理由をひとつでも見つけることができますか？　私は、心を傷つけない理由を見つけることができません。そのストーリーがなければ、あなたはどうなりますか？——夫が帰ってきて、こう言うかもしれません。「ああ、大変な間違いをしてしまった。お金を全部失くしてしまった」。そうすると、あなたは次のように言うことができます。「わかりました。誰でも過ちは冒しますものね。どうする？　私はあなたの力になります」——私たちは結局はそのようにするのです。

あらゆる恐怖や非難を通過した後、私たちは次のように言います。「私はあなたを愛している。どうしたら助けてあげられる？」。それこそが、本来の私たちなのです。ワークとは、直接にそうした私たちに向かうことです。「彼は過ちを冒すべきではない」というストーリーがなければ、あなたはどうなりますか？　彼が帰ってくる心の家《ホーム》になれるでしょう。そしてあなたも彼の中にある、心地のよい家《ホーム》に帰ることができます。

部下を解雇すべきか迷っている経営者に

もし私があなたを雇ったにもかかわらず、仕事上要求される条件を満たさなかったとしたならば、これまでのあなたの働きに感謝し、解雇するでしょう。ただし、まずあなたと話し、あなたの働きぶりについて、私が見落としたことがなかったか、確認するかもしれません。なお私の期待に到達しなかったとしても、私はあなたに感謝します。なぜなら、あなたがベストを尽くしたということを私はわかっているからです。その上で解雇し、私が望んでいることができる人を雇うでしょう。

私が望んでいることを達成するのは、部下に任せられているわけではありません。上司である私にかかっているのです。そして、解雇した方があなたにとってもよいのは、苦痛を感じる職場から解放することで、あなたが本当に能力を発揮できる場に進むことができるからです。そして私がクリアな心の状態でいて、思いやりをもっていれば、適切な後任が見つかるでしょう。そうできなければ、あなたにとっても私にとっても我慢を強いることになり、いいことではありません。

❖経営者の心が明確であれば……

ワークは、ただ事業を経営するよりも、ずっと楽しいのです。はるかに重要なことを行っているからです。このようにワークに取り組んでいれば、会社もついてきます。なぜなら、経営者の心が明確であれば、社員も明確になるからです。会社の中で、よりクリアな生き方をすれば、より多くのものを得ることができるでしょう。社員は、たとえ自覚していなかったとしても、そうした状態に惹きつけられるのです。社員が自分自身でいられることを促す存在感《プレゼンス》をもっている経営者ほど能力の高い人はいません。

人は間違いを冒すべきではない？

私たちは間違いを冒したり、冒さなかったりします。風が吹いたり、吹かなかったりするように、あるがままです。そうした現実についてのあなたのストーリーが、天国をも地獄をもつくりだすのです。ただしひとつ確実なのは、人はあなたが間違いとみなすことを冒すだろうということです。彼らを解雇したり、怒鳴りつけたり、離婚したところで、目の前の人が間違いを冒すことに変わりはありません。ですから、ただできることというのは、腰を落ち着けて自分の考えを探求することです。それがベストです。人は間違いを冒すべきではないと信じるのは、地獄です。

あなたがもつべきお金は？

「私にはもっとお金が必要だ」というストーリーこそが、「真の富」を実現することからあなたを遠ざけます。自分のニーズが満たされていないと考えるたびに、あなたは未来についてのストーリーを語っているのです。それに対し、今現在、あなたがもつべきお金は、手元にある金額のお金なのです。これは考え方ではありません。現実です。あなたはどれだけのお金をもっていますか？――あなたがもつべきお金は、ちょうど今手元にある金額です。信じることができないのであれば、通帳を見て下さい。自分がもっとお金をもつべきであるというのは、どのようにしてわかりますか？――実際にもった時です。それでは、自分はもっとお金を少なくもつべきだというのは、どのようにしてわかりますか？――やはり、実際にそうなった時です。このことに気づくのが、真の豊かさです。仕事を探したり、働きに行ったり、散歩をしたり、戸棚が空っぽであることに気づく時、世界に対して心配する必要がなくなります。

豊かさは、お金と関係ない。お金は「あなたの領域」ではない。「あなたの領域」は、お金ではなく、真実。

豊かさとは？

もし私にお金がなかったとしたら、請求書の支払いをするためには、どんなことでもするでしょう。人の目にどう映るかということは考えません。床をモップで拭いたり、家を掃除することになれば、私はそうした仕事を楽しむでしょう。ひとつのことが次へとつながり、ひとつの仕事が次の仕事へとつながります。私はそういったことをすべて自分自身のためにし、楽しむのです。豊かになれないわけがありません。豊かさとは、お金とは関係がないのです。

私が人にお金を貸すことはありません。あげることはあります。借りる人は「ローン」と呼びますが、私は返金を受けた時に、それがローンだったと知るのです。

私がお金を受け取る時は、スリリングな気持ちです。なぜなら、自分は経路《チャンネル》にすぎず、お金は自分のものではないことをよくわかっているからです。立ち会うだけです。お金をあるところから受け取ったとたん、別のところでお金が必要になります。驚くべきことです。

人生の喜びは、執着からの解放

たとえ表面上、私が多くのものを所有しているように見えたとしても、究極的には、私は何も所有していません。ですから、持ち物すべてが盗難にあったとしても、私はそのことを愛するでしょう。それにより、自分の中で執着や自分の権利だと思っているものが少しでも残っているか、確認できるのですから。人生の喜びはただひとつ、執着からの解放です。ただし、自分が所有しているものをただ手放すというわけにはいきません。ビリーフを探求することで、解放された感覚を体験します。泥棒は、あなたが所有しているすべてを奪います。そして、「かわいそう。ひどい目に遭いましたね」と人に言われますが、あなたはまったくひどい感じがしません。あなたは面白いと思い、生き生きします。なぜなら、浮かんでくるあらゆるストレスを生む考えに気づいているからです。そしてあなたがしたことは、ただビリーフを手放したということなのです。

今、幸せになるのは簡単

「もっとお金があれば幸せになれる」という考えを信じる時、あなたはどう反応しますか？――今が不幸せになります。もっとお金が手に入るまで、人生を保留にするのです。今、幸せになる方がはるかに簡単です。そしてその幸せは、ワークがいかなる瞬間にももたらしてくれるのです。

最終的には、クリアな心のスペースが広がるため、どのようにお金をつくったらいいかということがとても明確になります。そしてあなたがすでにお金をもっていること、どこかに行く必要はないこと、あなたがこれまでずっと望んできた場所に今いることも明確になります。これまでのあなたのあらゆる考えが、あなたをこの場にもたらしてくれたのです。あなたが「ここ」にフルにいるなら、「ここ」はあなたがこれまで望んだすべてを含みます。それは素晴らしいことです。なぜなら、「ここ」こそ、あなたが常にいるところなのですから。

「今、ここにいる」ということは、コントロールせずに生きつつ、常に自分のニーズを満たしているということ。

考えを片づければオフィスも片づく

「散らかしてはいけない」と世間は言います。私たちにとって、宗教のようなものです。けれどもその言葉の中に懲罰的なトーンをどれだけ込めても、効果を発揮した試しがありません。頭の中が散らかっていると、生活も散らかります。家やオフィス、机を片づけようとしても、うまくいきません。けれども、あなたの考えを片づければ、オフィスや家を片づけることは楽になります。思考に取り組めば、人生が質的変化を遂げるのです。オフィスの乱雑さは問題ではありません。あなたの上司が、「あなたの乱雑な仕事場を一年間きれいに保ったら、一億円あげるよ」と言ったとしても、うまくいきません。なぜならあなたはどうやったらいいか、わからないからです。「私はゴチャゴチャを片づける必要がある?」――いいえ。あなたの考えを片づける必要があるのです。他に片づけるものはありません。それができれば、残りのことも自然にできます。

人生は心の中にある

私の体験からいって、「本質的自己に気づく」こと以上に楽しいことはありません。そのためにこそ、私たちはお金を欲するのではないでしょうか。つまり、今、幸せで平和であることを感じるために。ワークという探求の素晴らしいところは、あなたがどこにいてもできるということです。――お金を稼いでいる時も、家にいる時も、愛する人といる時も、自分自身と共にいる時も。人生は、心の中にあるのです。

4章

生老病死

——老いや病、死をどう受けとめるか

老いや病、死というものは、人間の根本的な恐れに関わっています。けれども、こうした困難とされる体験も、ワークによって探求することにより、自然なプロセスとして受けとめやすくなります。ビリーフやストーリーにとらわれなければ、そこに人を深く変容させたり、癒す可能性を秘めた、平和で豊かで、生も死も超えた世界があることがわかります。死は終わりではないのです。

また、私たちが執着するあらゆる考えは、自分の生存にまつわるものです。自分のアイデンティティとなっている体についてのビリーフも大きなテーマです。

この章では、こうしたビリーフを探求していきますが、まず、死に対する怒りや恐れに取り組む男性についての事例をご紹介しましょう。

事例4

「僕は死を受け入れることができない」
——それは本当でしょうか？

男性　「『僕は、死に対して怒っている。なぜなら、僕を破壊するから。僕は死ぬのが怖い。僕は死を受け入れることができない。死は苦痛を伴う。死は終わりだ。二度と死の恐怖を味わいたくない』」

ケイティ　「それでは、一番最初からいきましょう。もう一度、最初の文章を読んで下さい」

男性　「『僕は、死に対して怒っている。なぜなら、僕を破壊するから』」

ケイティ　「恐怖の中で生きたいなら、未来を意識することね。かなりの未来を計画していますね。次の文章は？」

男性　「『僕は死ぬのが怖い』」

ケイティ　「死ぬ時に起こり得る最悪のこととは、何でしょうか」

男性　「僕の体の死」

ケイティ　「それから何が起こるの？」

男性　「わかりません」

ケイティ　「起こり得る最悪のことは、何だと思う？　何か恐ろしいことが起きるかもしれないと考えているんでしょう？　それは何？」

男性　「死は終わりで、再び生まれることはないということ。魂がないということ」

ケイティ　「それから？　あなたは再び生まれていません。魂もありません。今のところ、何もありません。あなたに起こり得る最悪のことは、何もないということですね。それから？」

男性　「そうなんですが、辛いんです」

ケイティ　「無が辛いんですか？」

男性　「そうです」

ケイティ　「**その考えは本当でしょうか？**　無がどうして辛いんでしょう。無がどうこうということがあるでしょうか。無は無なのです」

男性　「僕の想像では、この無は、とても不快な感じのブラックホールなんです」

ケイティ　「それでは、無はブラックホールなんですね。**それは本当でしょうか？**――本当ではないと言っているわけではありませんよ。あなたがいかに自分のストーリーを愛しているかはわかっています」

男性　「それが起こり得る最悪のことだと思います」

ケイティ　「わかりました。それではあなたが死んだら、あなたは永久に大きなブラックホールの中に入ってしまうんですね。それでは、質問します。**その考えが本当だと、絶対言い切れますか？**」

男性　「いいえ」

ケイティ　**「その考えを信じる時、どう感じますか？」**

男性　「［泣きながら］辛いです。恐ろしいです」

ケイティ　「ねえ、私を見て。あなたは今、自分が感じていることにつながっていますか？　自分自身を思い浮かべて下さい。ブラックホールがあります。あなたはその中にいます。未来の死についてのストーリーをたった今、体験しているんです。これ以上恐ろしくなることはありません。このストーリーを手放した方がいい理由はありますか？　手放してほしいと言っているわけではありませんよ」

男性　「はい」

ケイティ　「ワークシートの文章に戻りましょう」

男性　「『僕は死ぬのが怖い』」

ケイティ　「わかります。ですが、誰も死ぬこと自体を恐れているわけではありません。死についてのストーリーを恐れているだけです。死についての自分の考えを見つめてみて下さい。あなたが表現していることは、あなたの生き方であって、死についてではありません。あなたの生き方についてのストーリーなのです」

男性　「うーん。なるほど」

ケイティ　「次の文章を見ていきましょう」

男性　「『僕は死を受け入れることができない』」

ケイティ　**「それは本当でしょうか？」**

男性　「まあ、そうです。受け入れるのは、かなり難しいです」

ケイティ　「死を受け入れることができないという考えが**本当であると、絶対言い切れますか？**」

男性　「受け入れることが可能だということがなかなか信じられません」

ケイティ　「あなたが死について考えていない時、死を完全に受け入れています。まったく気にしていないんですから。あなたの足のことを考えてみて下さい」

男性　「はい」

ケイティ　「足について考える前に、あなたの足はありましたか？　どこにありましたか？　考えがなければ、足もないのです。死についての考えがなければ、死はないのです」

男性　「本当に？　そんなに単純なんて、信じられない」

ケイティ　「『僕は死を受け入れることができない』という考えを信じている時、**あなたはどのように反応しますか？**　どのように感じますか？」

男性　「無力です。怯えています」

ケイティ　「『僕は死を受け入れることができない』というストーリーがなければ、あなたの人生はどうなりますか？」

男性　「その考えがなければ？——素晴らしいでしょうね」

ケイティ　「『僕は死を受け入れることができない』——**置き換え**て下さい」

男性　「『僕は死を受け入れることができる』」

ケイティ　「誰でもできます。誰でもそうします。死においては、決断というものがありません。希望がないことを知っている人は、自由です。決定ということが、自分の手を離れているからです。これまでもずっとそうだったのですが、人によっては、そのことに気づくために身体的に死ぬ必要があります。死の床で微笑むのも不思議はありません。死ぬことは、人が人生で求めてきたすべてです。自分がコントロールしているという思い込みが終わるのです。選択がなければ、恐れもありません。その中に平和があります。自分が心《ホーム》の家に戻ってきたこと、そしてそもそもそこから離れたことはなかったと気づくのです」

男性　「このコントロールを失う恐れというのは、とても強いです。愛の恐れも。すべてつながっています」

ケイティ　「コントロールを失うと考えるのは、恐ろしいことです。真実としては、そもそも最初からコントロールしていなかったのですが。それが空想の終焉であり、現実の誕生です。次の文章を見ていきましょう」

男性　「『死は苦痛を伴う』」

ケイティ　「**それは本当でしょうか？**」

男性　「いいえ」

ケイティ　「『死は苦痛を伴う』という考えを信じている時、**どのように感じますか？**」

男性　「今はバカバカしく感じます」

ケイティ　「『死は苦痛を伴う』——**置き換え**て下さい。『私の考えは……』」訳注

男性　「『私の考えは苦痛を伴う』」

ケイティ　「そうではないでしょうか？」

男性　「そうです。そうです」

ケイティ　「死は決してそんなに冷酷ではありません。死はただ、思考の終わりです。探求しない空想は、時に苦痛を伴います。次の文章を見ていきましょう」

男性　「『死は終わりだ』」

ケイティ　「［笑いながら］これはいいですね！　**それは本当でしょうか？**」

男性　「いいえ」

ケイティ　「この考えは、個人的なお気に入りのひとつじゃない？［聴衆、笑う］**そう考える時、どのように反応しますか？**」

男性　「これまでは、いつも恐れていました」

ケイティ　「『死は終わりだ』——**置き換え**て下さい」

男性　「『僕の考えは、終わりだ』」

ケイティ「実はどうやって死ぬか、あなたはよくわかっていいます。夜に眠ったこと、ありますか？」

男性「あります」

ケイティ「まさにそれです。夢も見ない眠り。あなたはとてもよくできます。あなたは夜眠り、朝になって目を開けても、まだ何もない。起きている人はいない。『私は……』で始まるストーリーが生まれるまで、誰も生きていないのです。あなたが考える最初の言葉と共に、人生が始まります。それまでは、あなたも世界も存在していません。あなたはこれを毎日やっているのです。『私』というアイデンティティが目覚めます。『私』はケイティ。『私』は歯を磨く必要がある。『私』は仕事に遅れる。『私』は今日、やることがたくさんある。それまでは誰もおらず、何もないのです。ブラックホールもありません。平和があるのみです。平和というものは、自らを平和として認識することすらありませんが。あなたはとてもうまく死ぬことができますよ。そして生まれることも。もし難しさを覚えたら、ワークを使って探求することができます」

現実は常に優しい

現実は、――まったくあるがままに、どんな瞬間でも――常に優しいのです。私たちの視野を曇らせ、真実を曖昧にし、世界には不公平なことがあると思わせるのは、現実についての私たちのストーリーです。私は時に、このように言います。「あなたは、苦しむのも当然だと信じる時に、現実から完全に離れてしまう」と。どんな苦しみも当然だと信じてしまうと、あなたは苦しみを擁護し、自分の中で継続させてしまうのです。自分の思考《マインド》の外にあるものによって苦しみが引き起こされると考えるのは、まっとうではありません。思考《マインド》がクリアであれば、苦しみません。たとえあなたが深刻な体の痛みの中にいたとしても、あなたの愛する子供が亡くなったとしても、あなたや家族がアウシュビッツに連れていかれたとしても、真実と異なる考えを信じない限り、苦しむことはできません。私は現実を愛します。それがどのように見えるとしても。そしてどのように訪れたとしても、私は両腕を広げて歓迎します。

私の友人についての話をしましょう。彼は、死ぬ瞬間に啓示を得ることを待ち望んでいて、気力を残し、完全に意識を保ったままでいようとしました。最後に彼は目を見開き、あえぎ、「ケイティ、私たちは幼虫なんだ」と言いました。「ねえ、それは本当?」と問いかけると、彼は笑い出しました。考えに問いかけることでわかったのは、啓示などない、というのが啓示だったのです。ものごとはちょうどあるがままでよいのであり、考えだけが、その現実を私たちから引き離してしまいます。数日後、彼は亡くなりました。微笑みを浮かべながら。

常に現実に対して「イエス」と答える

私がすべてのお金を失ったとしても、ＯＫ。癌になっても、ＯＫ。夫が去っても、ＯＫ。彼が留まってくれても、ＯＫ。あなたが現実を愛しているならば、常に現実に対して「イエス」と答えるのではないでしょうか。私が心から歓迎しないということはあり得ません。

体の痛みにうんざりしている人たちにとり、コントロールできないものをコントロールしようとするほど悪いことはありません。本当にコントロールしたいのであれば、コントロールという幻想を捨てましょう。人生の流れに任せるのです。実際、人生の流れに任せざるを得ません。あなたが語っている、コントロールできるはずというストーリーは、決して現実《リアル》にはなりません。あなたが天気や太陽、月をつくりだしたわけではないですし、自分の肺や心臓、視力、歩行能力をコントロールできるわけでもありません。

今は問題なく、健康であっても、次の瞬間には、そうではないかもしれません。私たちは安全であろうとすると、非常に注意深く生きることになり、生きている実感がもてなくなるのです。私の好きな表現があります。「注意深くしないで。自分を傷つけるかもしれないから」

私の苦しみは体のせいではない

体というものは、考えたり、気にかけたり、自らについて問題を抱えたりしません。自らを攻撃したり、辱めることもありません。ただ、バランスのとれた健康な状態であろうとしているだけです。体はまったくといってよいほど効率がよく、知的で、優しく、機知に富んでいます。体についての「考え」がなければ、問題はありません。私たちが混乱状態に陥ってしまうのは、ストーリーを探求しないまま信じ込んでいるからです。自分の体についてのストーリーを語り、問題があると信じてしまいます。そして、「～さえ変われば、自分は幸せになる」と信じ込んでしまうのです。けれども私の苦しみは、私の体のせいであるはずがありません。

体は「私の領域」ではない

あなたの体は、「あなたの領域」ではありません。医者が必要なら、診察を受けて下さい。それであなたは自由になります。「あなたの領域」は何かというと、あなたの考えです。自分の領域に留まることにより、あなたは何をすべきかがとても明確になります。そして、体はとても楽しいものになります。生きるか死ぬかに多くのエネルギーを費やさなくなるからです。体は、あなたの考えを映し出したものにすぎません。

誰かが今朝、言いました。「あなたは体重が減ったみたいに見えるけど」――いいことです。「体重が増えているみたい」――いいことです。「年取って見える」――いいことです。「若く見える」――いいことです。体は「私の領域」ではありません。私の考えは「私の領域」です。

体は頭にしたがう

体が何かを渇望したり、必要としたり、知ったり、気にかけたり、飢えや渇きを感じることはありません。体が映し出しているのは、アイスクリームやアルコール、薬物、セックス、お金など、思考が何に執着しているかということです。身体的依存症というものはなく、精神的依存症だけがあるのです。体は、頭にしたがいます。選択の余地はありません。

私たちが執着するあらゆる考えは、生存にまつわるものです。いかなる考えも、「私」というアイデンティティに関わらざるを得ません。そのようにして生存するのです。そしてちょっとした家や車、土地をもつやいなや、あなたの考えは、いかに自分が健康で快適である必要があるかというストーリーに向かいます。そしてショッピング・カートに物を入れ、家に物を入れ、快適になったとたん、あなたの考えは、快楽に向かいます。これは、自分イコール体という、全面的な体との同一化です。つまり、体について以外の考えはないということなのです。基本的欲求を満たしたら、今度は快楽に向かうわけですが、そうするとすべての快楽は、苦しみとなります。なぜなら、自分が手に入れたものを失うのではと気に病むからです。それで、快楽が続くようにしたり、もっと得ようとしたりするのですが、それはなかなか叶いません。常に過去あるいは将来に生きているからです。

すべてのストーリーは、体との同一化について。ストーリーがなければ、体もない。

あなたにとっての「正常」とは？

以前、自分の手の指について恥じている女性にワークを行ったことがあります。彼女は一七歳の時に関節リウマチをわずらい、数本の指が変形してしまったと考えていました。正常ではないと考えることで、ひどく苦しんでいたのです。人に指を見せることすら、恥ずかしがっていました。けれども、それらの指は、彼女にとっては正常だったのです。一七歳以降、毎朝目を覚ます時に目にするのは、これらの指だったのですから。二七年にわたり、これらの指こそが、彼女にとって正常な指でした。彼女はそのことに気づいていなかっただけなのです。

あるがままの現実が自分にとって正常ではないと信じる時、あなたはどう反応しますか？　恥や悲しみ、絶望。その考えがなければ、あなたはどうなりますか？　自分の状態に対してゆとりをもち、それが何であれ、愛することができる。なぜなら、自分にとってはまったく正常な状態であることに気づくからです。人が自分と違うように見えたとしても、彼らにとっての正常は、あなたにとっての正常ではないのです。この女性の苦しみの原因となっていたのは指ではなく、現実との闘いでした。

今のあるがままで

欠点をもってもよいと、あなたが自らをもって私たちに教えて下さい。欠点というのは、ノーマルなものです。あなたが欠点を隠すと、私たちに同じようにしてもよいのだと教えることになります。私はこういう表現が好きです。「私たちは、たったひとりでいいから、今のあるがままでいいんだよと教えてくれる人を待っている。それにより、私たちは皆、それがノーマルなことだと理解できるから」。あなたは、あるがままに見えます。なんて素晴らしい贈り物でしょう。それを隠そうとするところに痛みが生まれます。あなた以外の誰が、私たちが自由になるための許可を与えてくれるでしょう？　あなた自身のために許可を与えて下さい。私たちもついていきますから。私たちは、あなたの考えを映し出す鏡です。あなたが自分を自由にすれば、私たちもみな自由になります。

未来から解放されれば、自由になれる

あなたは、好むと好まざるとにかかわらず、完璧な健康体です。それにもかかわらず、自分の状態が完璧であることを知らずに済むように、もっと強くあるべきだとか、もっと健康であるべきだとか、ストーリーを語るのです。私の状態は、今する必要があること、そして今いる必要があるところに対して完璧です。私は未来から解放され、自由です。

体は、木や花や呼吸のように純真。

考えに対する執着が問題

体が問題となることは決してありません。私たちの問題というのは常に、私たちが無邪気に信じ込む考えなのです。ワークは、執着していると思っている対象に対してではなく、私たちの考えに取り組みます。物に対しての執着というものはありません。瞬間的に湧いてくる、探求していない考えに対する執着しかないのです。

最悪の敵——それは常に私たちの考えですが——と仲良くなるまでは、愛するパートナーやかけがえのない子供を愛することはできません。私たちが病気について考えることは何であれ、自分の思うようにいかない時、何かを失うと考える時に、パートナーや子供にも投影するからです。私たちは、病気に抵抗するわけではありません。病気についての自分の考えに抵抗するのです。ストーリーがなければ、問題は起き得ません。解決しかあり得ないのです。

体のことは忘れて、できることに取り組みましょう

よい状態になる以外に人生でやることはありません。ただし、それは体の務めではありません。最終的には、体は残らないのです。それはいい知らせです。体のことは忘れて、できることに取り組みましょう。体についてのストーリーが真実であるなら、太っている人や車椅子の人、高齢者や病人など、美しくない人は自分の本質に気づかないということになってしまいます。そうなると、全人類に当てはまってしまいます！　この考え方にしたがえば、ほぼ誰も自由を得るチャンスがないのです。皆、心の平和のために、体が完璧になるのを待ち続けていますが、今ここで、平和を実現することができますか？

✧自分の容姿が気になる人に

あなたが自分の考えを信じる時、もっと美しくなければ、もっと健康でなければ、もっと背が高くなければ、もっと低くなければ、もっと太らなければ、もっとやせなければ、もっと若くなければ、もっと強くなければなどと、自分の体を冒瀆することになります。あなたの体は完璧なのに、それを否定するのです。

気づき《アウェアネス》は、体よりもはるかにエキサイティングだ。

意識には制限がない

あなたイコール体であると信じる時、あなたの存在は縮小し、カプセルに限定されたような状態、分離した個体に留まります。一方、夢を見ている時、あなたは夢の中のすべてです。あなたが夢を見ているのですから。あなたは体をもたず、自由です。男、女、犬、木——といったすべてに同時になれるのです。台所にいたかと思うと、次の瞬間、山頂にいる。ニューヨークにいたかと思うと、突然、ハワイにいる。体と同一化できないため、何ひとつ安定というものはありません。執着できるような同一化というものがないのです。ですから、自分が特定の体でなければ、意識《マインド》というものはこれほど制限がないのです。

肩痛に苦しむ人に

「私の肩は痛くなるべきではない」——それは本当でしょうか？　肩は、痛くなるべくして痛くなりますから、現実通りに痛くなるべきなのです。痛くなるべきではないというのは、まったくの偽りです。あなたのストーリーは、あなた自身を特定の時間や場所、あれかこれかの二元的な見方に留めてしまいます。これはあなたの考えが正しいか、間違っているかという話ではありません。現実を見ているのです。

あなたが現実と闘い、何が正しいか知っているのに偽ったならば、ストレスを感じます。あるがままのあなたにそむくからです。「こんな風に痛くなるべきではない」——そうした考えがいかに痛みをもたらすか、感じてみて下さい。あなたは幾度、そうした状態を体験したでしょうか？　私は何年もベッドの中で、そのように過ごしていたことがあります。

すべてのビリーフは、体を生かし続けるために注意深くあろうとすることに関わっています。私は、注意深くありません。私はそのように生きません。何が起ころうが、楽しみにしています。

痛みは素敵な訪問者

痛みは友です。取り除くことができないのであれば、そうしようとは思いません。私は、あるがままの現実を愛します。痛みは、素敵な訪問者です。好きなだけ、いていいのです（だからといって、私は鎮痛剤を飲まないと言っているわけではありません）。

✣

体にいい食べ物を家族に食べさせたいのに……

特定の食べ物があなたにとって本当によいと思え、おいしく味わうことができ、食べることで気分もよくなり、自分を大切にしているように感じるとしたら、それはとても素敵なことでしょう。平和で、正直な生き方のように思えるのです。ところが、パートナーや子供たちなど、他の人も同じような食べ方をするべきだと考えると、闘いが始まります。彼らにとって何がベストなのか、あなたは知る由もありません。彼らがどのような道を歩むかは、知りようがないのです。あなたは、あなたの道について、知っていますか？

「神話」やストーリーがなければ……

私は二七日間にわたり、食べ物を取らなかったことがあります。理由はありません。ただ、食べたくないとわかっていただけです。その間ずっと、わずかながらも飢えを感じたことはありません。飢えもまた、「神話」です。家族も友人も、私の命を心配してくれましたが、私は気にかけていませんでした。自分では強く、健康な感じがしていました。食べなかった間はずっと、砂漠の中を精力的にたくさん歩いていました。そして問いかけを通じて、飢えや腹痛、体重減少についての「神話」を確認しました。すべてのニーズは、死の恐れとつながっていたのです。二七日が経過すると、私はとくに理由もなく、食べ始めました。

数年前、オランダにいた時、私はかなりの高熱を出しました。当時は、朝早くから夜遅くまで、毎日ワークをしていました。休憩中、何回かは部屋の隅にうずくまり、疲労を感じていたものの、天国にいるようでした。私の体は、「私の領域」ではないのです。自分が病気だと言われない限り、自分ではそうであることがわかりません。私はいつも大丈夫であるようです。ストーリーがなければ、病気もありません。その時は雪が降っていて、寒く、空や人、呼吸、熱があり、疲れがあり、喜びがありました——すべてが！　ストーリーがなければ、私は自由なのです。

健康法もビリーフになり得る

「ヨガをすると、肩の感じがよくなる」——それはあなたの聖なるビリーフのひとつです。肩が痛くなくなったのは、ヨガのおかげだと本当にいえますか？　肩に意識を向け、「ヨガ（あるいはマッサージや人参ジュース）がよくしてくれる」ということに気をとられていると、体と同一化していることになります。人参ジュースの効果がなくなったら、体の痛みを恐れる自分自身の思考体系だけが残されます。そうするとヨガで対処しようとするのです。

真の意味でのヨガは、たったひとつ。それは精神的《メンタル》なものであり、自由な流れです。私自身、すべて試しましたが、マッサージやヨガ、人参ジュース、小麦若葉などが今、効果を発揮していても、やがては老い、そうしたものが助けにならないことを知るという恩寵にあずかることはわかっています。もしくは、何らかの病を得ることで、自分のビリーフの限界を知り、自分にとってストレスとなる考えに目を向けることができるでしょう。すべては恩寵です。

そうした恩寵のすべてをあなたは望まないでしょうか？——体からの解放、あなたイコール体という考えからの解放。常に体のどこかが痛くなるものです。最後に残るのは自分の体についての考えであり、取り組むのは、それだけです。

体には、あなたの心の平和を奪う力はない。私は平和でいたいと思い、体がすることに任せる。

飲酒について

アルコールのせいで気分が悪くなったり、混乱したり、怒りを覚えるとあなたが考えるとしたら、飲んでいる時に、自分自身の病を口にしているようなものです。アルコールは、あなたの予測通りのことをします。ですから、そうした考えについて探求して下さい。飲むのをやめるためではなく、アルコールの影響について、ただ混乱を終わらせるために。そして、あなたが本当に飲み続けたいと思うなら、アルコールが自分に対して何をするか、残念な気持ちや被害者意識をもたずに、ただ気づきましょう。結局のところ、楽しさはなく、ただ二日酔いがあるだけです。

私たちは「今、ここ」で幸せになれる

自分の体を癒すためにワークを使わない方がいいでしょう。真実を愛する気持ちで取り組みましょう。あなたの思考を癒すのです。あなたの考えを理解をもって受けとめましょう。私の好きな表現は、「最終的にあなたの体が完全に健康になったところで、トラックにはねられるかもしれない」というものです。ですから、私たちは「今、ここ」で幸せになれないでしょうか？　明日ではなく、一〇分以内でもなく。私にとって「幸せ」という言葉は、心が平和でクリアな自然の状態にあることを指します。ワークはその状態をもたらしてくれるのです。

痛みは過去のストーリー

身体的な痛みですら、リアルではありません。痛みというのは過去のストーリーなのですが、人はそのことを知りません。私の孫のレイスは三歳だった時、転んだことがあります。膝を擦りむき、少し血が出て、泣き出しました。そして私の方を見上げたので、彼にこう言いました。「ねえ、転んでケガをした時のことを思い出しているの？」。そうすると、すぐに泣きやみました。それだけです。一瞬、痛みというものは常に過去にあることに気づいたのでしょう。痛みの瞬間というのは、すぐに過去になります。私たちが本当だと考えていることを思い出しているのです。過去になってしまったものを投影しています（あなたの痛みが、あなたにとってリアルでないと言っているわけではありません。私は痛みというものを知っています。だからこそ、ワークは苦しみに終止符を打つものだと言っているのです）。

例えば交通事故で足を失ったら……

車に足を轢かれ、あなたが道路に横たわっているとしましょう。頭の中を次から次へとストーリーが浮かんできます。もしワークの初心者であれば、「私は痛みを感じている——それは本当でしょうか？　その考えが本当であると、絶対言い切れますか？」と問いかけをするよりも、「モルヒネちょうだい！」と叫び、快適な状態になってから、ペンと紙をもって腰を下ろし、ワークを行うことができます。まず体を治療した上で、もうひとつの癒しであるワークを行いましょう。最終的には、足を失ったとしても、問題とは思わないでしょう。問題があると思うのであれば、あなたのワークは終わっていません。

病気とスピリチュアリティ

体が病気なら、十分スピリチュアルではない、悟っていないと信じる人たちがいます。十分悟っていれば、胃痛や心臓病や癌にならないと信じているのです。私は悟りについては知りませんが、深い喜びの中にいたとしても、私の胃は、独自にすべきことをしているはずです。どうやら私はそのように生きているらしいのです。私の胃は、「私の領域」ではありません。私の考えは、「私の領域」です（厳密に言うと、考えは勝手に浮かんでくるもので、「私の領域」ですらありませんが）。あなたが完全な平和の状態であったとしても、体は独自にすべきことをしているのです。「病気はスピリチュアルではない」――その考えが本当であると、絶対言い切れますか？

何が起きても「いい知らせ」

ある時、医者が浮かぬ顔で私の採血の結果をもってきました。悪い知らせがあるというのです。大変残念だが、癌です、と。悪い知らせ？　私は思わず笑ってしまいました。何であれ、起きることはいい知らせだからです。医者はかなり不意をつかれたようでした。私のこういう笑いを理解できる人ばかりとは限りません。後になってわかったことですが、私に癌はなく、それもまたいい知らせでした。

体が危機状態に陥った時

一九八六年のある日、マッサージを受けていたら、突然、体が麻痺し始めました。じん帯や腱、筋肉がすべて極端に張りつめ、まるで死後硬直のようでした。ほんのわずかな動きすらできなかったのです。その体験をしている間、私はまったく穏やかで、喜びを感じていました。なぜなら、体はこうあるべきだとか、スムーズに動くべきだといったストーリーをもっていなかったからです。確かに、さまざまな考えは浮かんできました。「なんていうこと。動けない。ひどいことが起きている」というように。けれども、私の中に息づいていた問いかけは、そうしたいかなる考えにも執着することを許しませんでした。そうした問いかけのプロセスを、実際よりもゆっくり起きているかのように言葉で表現するとしたら、次のような感じになるでしょう。「あなたはもう二度と歩けることはない」——それは本当でしょうか？　4つの質問は、とても速く展開します。最終的には、考えが出てきた瞬間に問いかけるようになるのです。

約一時間後、私の体はリラックスし始め、一般的に「正常」といわれる状態に戻りました。自分の考えが健全であれば、体が問題になることはありません。

「こうあるべき」と考えた時、私は「私の領域」から離れる

自分の体は今の状態であるべきではないという考えを信じる時、あなたはどのように生きるでしょうか。どう感じますか？　「体が癒えたら、私は幸せになるだろう」、「私はもっとやせるべきだ」、「もっと健康であるべきだ」、「もっときれいであるべきだ」「もっと若くあるべきだ」——こういったことは、とても古い宗教です。私の体は今の状態と異なるべきだと私が考えるとしたら、私は「私の領域」から離れています。正気の沙汰ではないのです！

あなたにとっての「薬（癒し）《メディスン》」は、何であれ、今、現れていることだ。

癌を告知された人に

あなたに癌が必要であると、どうして言えるのでしょうか？――実際に癌があるからです。ただし、癌を受け入れるということは、のんきに構えて何もしないということではありません。それは「現実否認」というものです。経済的に可能な限り、ベストの医師に相談し、ベストの治療を受けるのです。ただし、もっとも効果的な治り方をするのは、体が緊張し、恐れを抱き、癌と敵対している時でしょうか？　それとも、現実を愛し、癌があるからこそ、人生が実際によくなったというあらゆる点に気づき、そうした落ち着いた心を軸として、癒すためにあらゆることをする時でしょうか？　心の平和ほど、エネルギーを与えてくれるものはありません。

私たちは結局のところ、癌があるかどうか、生きるか死ぬか、というよりも、ストレスを生む思考が止まってほしいのです。私の体験からいうと思考が止まることはありませんが、ある程度の理解をもって受けとめることはできます。そして自由になることができます。

ストーリーなしに腫瘍を見る

一九年前、医師が私の顔から、大きな腫瘍を取り除いてくれました。私はワークを発見していたので——というか、ワークが私を発見していたので——、腫瘍については問題視していませんでした。逆に、腫瘍が訪れたことを喜び、去ったことを喜びました。実際のところ、その腫瘍はかなりの見もので、切除前に人前に出ることは何と楽しかったことか。人は、私の腫瘍を見てみぬふりをしたのですが、それは興味深いことでした。ある時、女の子が私の腫瘍をじっと見ていると、その親は娘に何事かをささやき、グイッと引っぱるのでした。親たちは、私の気持ちを害するのではと思ったのでしょうか、それとも、私が変な人間だと思ったのでしょうか。私は自分が変な人間とは感じませんでした。顔の腫瘍は、私にとってはノーマルだったのです。それが現実です。時々、誰かが見ているのに気づくと、相手は視線を逸らしました。しばらく経ってまた見ると、視線を逸らします。また見て、視線を逸らします。ついには目と目が合い、お互いに笑い出すのです。私がストーリーなしに腫瘍を見ることで、相手も同じように見るようになったというわけですが、ただおかしいことでした。

不眠に苦しんでいる人へ

「私は、午前三時には寝ていなければならない」――それは本当でしょうか？　私はそう思いません。私は真夜中に目が覚めたなら、とても興奮します。睡眠よりもいいことって？――起きていること！　私は夜中、目が冴えた状態でベッドに横になっているのが好きです。なぜなら、実際にそうしているのですから。他のことをすべきだという考えはありません。私は、あらゆる考えを愛します。

✣

現実を愛する人は、あらゆるものを楽しみにする

現実を愛する人は、あらゆるものを楽しみにします。生も死も、病気、喪失、地震、爆弾など、「悪いこと」と言いたくなるすべてを。人生は、私たちに必要なすべてを運んでくるでしょう。私たちが取り組んでいないものは何かを示すために。私たちの外にあるいかなるものも、私たちを苦しませることはできません。

私たちを死ぬほど怖がらせるのは、死についての私たちのビリーフだ。

太りすぎを気に病む人へ

太りすぎややせすぎの人はいません。そうした「神話」は、あるがままの現実に対する気づきからあなたを遠ざけてしまいます。気づきの終焉です。私たちはそうした考えを信じたいわけではありませんが、他の方法を知らないのです。ですからワークに取り組めば、二二六キロの体でも、軽くなります。

もし誰かがあなたに「太ってる」と言ったとしたら、その人は正しいのです。その言葉に何らかの真実を認められますか？　目の前にあるものについてただその通りに言ったからといって、それがどうだというのでしょう――死ぬほど恥ずかしいでしょうか？　もし誰かが私に対し、「あなたは体重を減らすべきだ」と言ってきたなら、私は理解できます。私もそう考えたことがあるのですから。私は、相手が言っていることに何らかの真実を見いだし、相手と共にあり、自分自身に心の平和を与えることができます。

事故で腕を失った人へ

私が右腕を失うとしたら、両腕とも必要というわけではないということが、どのようにしてわかるでしょうか？　実際に片腕しかないのです。宇宙に間違いはありません。現実に根ざしていない考えは恐れを生み、希望がありません。現実に抗うことにより、苦しみの始まりとなります。「私には両腕が必要だ」というストーリーは、私は必要なものをすべてもっています。右腕がなくても、完全です。ストーリーがなければ、私は必要なものをすべてもっています。右腕がなくても、完全です。書く時は初めのうち、文字が震えているかもしれませんが、そのままで完璧なのです。私の腕は、私が必要とする通りに、役目を果たすでしょう。私が必要と考えた通りにではなく。明らかにこの世界には、片腕で震える文字を書きながらも、どうやって幸せでいられるかを教えてくれる先生が必要なのです。さらに左腕を失っても構わないと思えるまで、私のワークは終わっていません。

私は、体のことは放っておいてもいいと言っているわけではありません。そもそも、そんなことは不可能です。自分の体を大切にし、ビリーフに目を向けましょう。体について裁く考えを紙に書き出し、4つの質問を投げかけ、置き換えをしましょう。

本当のあなたは生も死も超えている

死とは何でしょうか。どのように死ぬのでしょうか。そもそも、私たちは生まれたのでしょうか。私たちが人生と考えているのは、まだ探求していない考えです。あなたは死後も続くのでしょうか。あなたの考えに問いかけるなら、本当のあなたは生も死も超えていることがわかるでしょう。

誰にも、何がよくて何が悪いか、わかりません。誰にも死とは何か、わかりません。もしかしたら、それは何ものでもないのです。無ですらありません。まったくの未知であることを私は愛します。私たちは、死とはある状態であったり、無の状態であることを想像します。そして、自分自身の考えにより、怖い思いをします。私はあるがままの現実を愛しているため、病気も健康も、来るのも去るのも、生も死も愛します。生も死も同等にみなしているのです。現実とはいいものですから、死は何であれ、いいものに違いありません。

死に対する恐れとは？

死の床で起こり得る最悪のことは、ビリーフです。それ以上悪いことは、いまだかつて起きたことがありません。

死への恐れというのは、あるがままの現実に対する愛を恐れることから張り巡らせる、究極の煙幕です。私たちは、体の死を恐れているのだと思っていますが、本当に恐れているのは、アイデンティティの死です。ワークの探求を通じて、死とはたんなる概念であり、私たちのアイデンティティも概念にすぎないことを理解し、本来の自分とは何かに気づきます。それが恐れの終焉です。

どんな現実も愛するということ

喪失というのは、概念にすぎません。孫のレイスが生まれた時、私は分娩室にいました。一目見た時から彼を愛しました。そうしているうちに、呼吸をしていないことに気づいたのです。医者は困った顔をしていて、すぐさま赤ん坊に措置を施し始めました。看護師は、手順通りにいかないことに気づきました。パニック感が部屋に広がっていきます。病院側のしていたことは何も効果を上げていませんでした。赤ん坊は、呼吸をしなかったのです。

ある瞬間、娘のロクサーンが、私の目をのぞき込みました。私は微笑みました。彼女は後になって、こう言いました。「お母さんがよく見せる微笑みだけど、あの時もあいう風に微笑んでくれたおかげで、平和な感じに包まれたの。おかげで子供が呼吸していなかったけど、私は大丈夫だったわ」。私が娘に微笑んだすぐ後に、孫は呼吸を始め、泣き声が聞こえました。

孫が呼吸をしていなくても私は愛することができたことをうれしく思います。彼の呼吸は、誰の領域でしょう？「私の領域」ではありません。彼が呼吸をしていても、していなくても、一瞬たりとも愛を感じなかったことはないでしょう。一回も呼吸することがなかったとしても、彼は精一杯生きたのです。私は現実を愛します。こうあってほしいという願望でコントロールするのではなく、今、あるがままに。

死の床にあって幸せを感じた人たち

私は、死の床にある多くの人たちと関わってきました。ワークをした後、その人たちはいつも、いい感じだと話してくれます。ある女性の場合、癌により、死に瀕していて、とても恐怖を感じていました。そばにいてほしいという頼みに応じ、私は足を運んだのです。彼女のそばに座ると、私は「問題は見えないですね」と言いました。すると彼女は、「見えない？　じゃあ、見せてあげましょう」と言って、ベッドカバーをめくってみせました。片方の足はあまりにも腫れていて、もう片方の少なくとも二倍の太さになっていました。私はよく見ましたが、それでも問題が見えません。「目が見えないんですか？　この足ともう片方の足を比べてみて」「ああ、やっと問題がわかりました。この足は、もう片方の足と同じであるべきだというビリーフで苦しんでいるんですね。その考えがなければ、あなたはどうなりますか？」。そう聞いて、彼女は理解し、笑いだしました。そして、笑っている内に恐れが解消されていったのです。彼女は、これまでの人生で一番幸せだと言いました。

以前、ホスピスで死を目の前にしている女性を訪ねたことがあります。病室に入った時、彼女はうたた寝していたので、そばに座っていました。彼女が目が覚ましたところで、手を取り、数分間、話していると、こう言うのです。

「とても怖いんです。どうやって死ねばいいか、わからない」

「ねえ、それは本当？」

「本当です。どうしたらいいか、わからない」

「私が入ってきた時、あなたはうたた寝していたでしょう？　居眠りのしかたはわかる？」

「もちろんわかります」

「あなたは毎晩目を閉じて眠る。人は眠ることを楽しみにします。死もそういうものです。それ以上、悪いことはありません。それ以外のものがあると考えるあなたの信念体系《ビリーフ・システム》を除いたら」

彼女は、死後の世界について信じていると話し、「死後の世界に行った時、どうしたらいいかわからない」と言いました。「死後の世界でしなければいけないことがあるというのは、本当でしょうか？」、「本当ではないでしょうね」と私は言いました。「あなたが知らなければいけないことは、何もありません。そしていつでも、大丈夫なんです。あなたが必要とするものはすべて、すでにあります。考える必要はありません。ただ必要な時に、居眠りすればいいんです。そして目が覚めたら、何をすればいいかがわかります」。もちろん、死後の世界ではなく、現実の世界について私は語っているのです。それから私たちは、ワークの二番目の質問に移りました。「どうやって死ねばいいかわからない――その考えが本当であると、絶対言い切れますか？」。彼女は笑い出し、自分のストーリーよりも私と一緒にいたいと言いました。今、実際にいるところ以外に行くところがないというのは、どんなに楽しいことでしょう。

死は自分だけでやり遂げる

死の素晴らしいところは、自分でするということです。ようやく、完全に自分自身でするということができるのです！

✣

意識が死ぬことはない

意識《マインド》は探求されることによって、もはや何も求めないため、制限なく自由に動くことができます。したがって、死ぬことはないのです。また、自らのための欲求をもたないため、無限です。何も抑えません。無条件で、絶えることがなく、恐れを知らず、疲れず、遠慮することもありません。与えないではいられないという性質なのです。

最愛の夫を亡くした女性のワーク

私の友人は、長年にわたり、真摯にワークに取り組んできて、世界は意識《マインド》の反映であると理解するようになりました。彼女には最愛の夫がいたのですが、ある日、二人で長椅子に座っている時、彼が心臓発作を起こし、彼女の腕の中で亡くなったのです。最初のショックと涙が治まると、彼女は自分の中の悲しみを探りましたが、見つけられなかったのです。何週間にもわたり、彼女は自分の内に悲しみを探り続けました。なぜなら、友人たちが、悲しむということは、癒しのプロセスにおいて必要な部分だと言ったからです。けれども彼女が感じたのは、満たされている感覚だけだったのです。彼が肉体として彼女と一緒にいた時にあって、今ないというものがないという感じでした。

彼女は私にこう言いました。彼についての悲しい考えが浮かぶたびに、「それは本当でしょうか？」とすぐ尋ねるのだと。そして置き換えを行うと、悲しみを洗い流してくれて、より真実味のある何かに代えてくれるのだと。「彼は私の親友だった。私には今、話し相手がいない」という考えは、置き換えると、「私は私の親友だ。私には今、私という話し相手がいる」になりました。「彼の知恵が懐かしい」は、「彼の知恵は懐かしくない」になりました。彼女自身が彼の知恵そのものになったのですから、懐かしく思うはずはありません。彼の中にあると思ったすべてを彼女自身の中に見つけることができました。彼女が彼を生きるようになったため、彼が死ぬことはありません。生と死のストーリーがなければ、ただ愛があると彼女は言いました。彼はいつも彼女と一緒にいるのです。

死は生と同じくらいよいものであり、いつもそれなりにちょうどいい感じで訪れるということを知るまで、私たちは無意識に神の役割を引き受け、コントロールしようとするでしょう。それはいつも辛いことになります。頭の中であるがままの現実に抗う時はいつでも、悲しみや分離感に見えるものを体験するでしょう。ストーリーがなければ、悲しみはありません。

母を看取って……

私の九〇歳になる母は、すい臓癌で死を目前にしていました。私は母の面倒を見、料理や掃除をしました。そばで眠り、一日に二三時間、母のマンションで過ごす日々が一ヶ月（私の夫が毎朝、散歩に連れ出してくれるのを除いて）。母の息づかいが私の命の鼓動であるかのような、親密な関係でした。私は母をお風呂に入れ、体のデリケートな部分までも洗い、薬を飲ませました。とてもありがたい気持ちでいっぱいでした。最後の数日を眠ったり、テレビを見たり、話したり、素晴らしい鎮痛剤を投与されながら過ごしている母の姿は、私でもあります。母の体の美しさと複雑さに驚嘆します。それは私の体でもあります。

母の最期の日。ベッドの脇に座っていると、母の呼吸が変化し、あと数分の命であることを私は悟りました。そして再び変化が起き、目と目が合ってまもなく、母は逝きました。私は、母の意識がなくなった目の中をさらにのぞき込みます。変化が起きるのを待っていました。母の目が私に死を見せてくれるのを。けれども何も変化しません。彼女の存在感は、これまでと変わらなかったのです。

南カリフォルニアのニードルズという、砂漠の小さな町を訪ねたことがあります。私の娘、ロクサーンが住んでいたのです。娘と食料品店にいると、何十年も会っていなかった、家族ぐるみのおつきあいの友人たちが私を見つけ、「ケイティ！」と叫びながら近づいてきました。顔が輝いていて、私を抱きしめました。そして私の近況について尋ねたので、答えると、さらに、「お母さんはどうしていらっしゃるの？」と聞かれたので、私はこう答えました。「母はとてもいい感じです。亡くなりました」――突然、相手の微笑みが消え、沈黙の時が流れます。問題が起きていることはわかりましたが、目覚めの体験をしてまもなくだったため、世間一般の考え方が思いつかず、問題が起きていることはわかりましたが、それがどういうことなのか、私にはわかりませんでした。

ロクサーンと共に店を出ると、娘は私の方を振り向いて、こう言いました。「お母さん、ああいう言い方をしたら、相手は困るわよ」――それは思いつきませんでした。私はただ、真実を言っただけなのです。

死に対するワーク

死を贈り物として体験するまでは、あなたのワークは終わっていません。ですから、もし死が怖いとしたら、次にどういう考えに対してワークをすればよいか、わかります。他にすることはありません。幼いストーリーを信じるか、問いかけをするかです――他に選択肢はありません。死のどういうところが了解できないのでしょうか。あなたは毎晩、目を閉じ、眠りにつきます。待ち望むものなのです。人によっては、眠る瞬間を好むこともあります。他に何かあるというあなたのビリーフを除いては、別に悪いことはありません。考えが湧いてくる前は、誰も、何も存在しません。あるのは平和だけです。平和は、自らを「平和」という概念として認識することはないでしょうが。

あなたが死についてクリアな状態でいることができれば、誰かが死に向かっている時に、その人と完全に共にいることができます。その人がどのような痛みを体験しているように思えても、あなた自身が幸せであることに影響しません。その人をただ愛し、抱きしめ、気にかけることができます。なぜなら、そうすることがあなたの本性だからです。恐れを抱えてその人のところにやってくることは、恐れを植えつけることになります。その人があなたの目をのぞき込むと、自分は大変な状態であるというメッセージを受け取るのです。けれどもあなたが恐れなく、平和な状態で訪れたとしたら、あなたの目をのぞき込んだ時に、何が起きていても大丈夫だとわかるでしょう。

失うものは何もない

死ぬことは、生きることと同様、独自の道をもっていて、あなたはコントロールできません。人は、「死ぬときに意識を保ちたい」と考えたり、希望したりしますが、それは不可能です。一〇分後に意識を保っていたいと望むことすら、不可能です。意識できるのは、「今」だけです。あなたが欲するものはすべて、「今、ここ」にあります。

死について私が知っているのは、逃げ場がなく、誰も自分を助けに来てくれないとわかる時、ビリーフが停止するということです。あなたが思い煩うことはなくなるのです。ですから、あなたが死の床に横たわっていて、医師がもう後がないと言い、あなたがそれを信じるなら、あらゆる混乱が止まります。もはや失うものは何もありません。そうしたいい感じの平和の中には、「あなた」しかいません。その「あなた」とは、平和そのもの、存在《プレゼンス》そのものなのです。

目覚めた意識として、たえず生まれ変わる

現実というのは、常に安定していて、決して失望することのない、体験の基盤です。私があるがままの現実を見る時、そこに「私」というアイデンティティを見つけることはできません。私にはアイデンティティがないため、死に抵抗する者もいません。死というのは、これまで夢想されてきたストーリーのすべてです。私についてのストーリーも含め。ですから、自分とはこうだと思ってきたものが終わるたびに、私は瞬間瞬間の目覚めた意識《アウェアネス》として、たえず生まれ変わります。そしてまたそれが死に、再び生まれます。死という考えは、私をエキサイティングな気持ちにさせます。私は死を個人的なこととして受け止めていません。体の死が訪れた後、意識《マインド》はどのようなアイデンティティをまとうのでしょうか？　私が目覚めた時、夢は終わり、自分はまったく完璧な存在でした。これ以上の人生はなかったでしょう。そしてこの瞬間に生まれる私が何であれ、それはこれまでに存在したあらゆるよきものなのです。

夢以外に生まれるものはなく、夢以外に死ぬものもない。

訳注　ワークで取り組む文章の主語が人間ではなく、「死」や「体」などの場合、次のように置き換えることができます。

置き換え１　「死は苦痛を伴う」→「死は苦痛を伴わない」

置き換え２　「死は苦痛を伴う」→「私の考えは苦痛を伴う」

5章

気づきを生きる

この最後の章では、ストーリーやビリーフなくして生きるとはどのようなことかについて語っています。ストーリーやビリーフに囚われると、もっと豊かな世界がそこにあることが見えなくなってしまいます。それは日々の瞬間瞬間についてもそうですし、大きな痛みや苦しみについてもそうです。

私は次のようなことを聞かれることがよくあります。「ワークに取り組むことで、地球の将来を心配しなくなるとしたら、それでも社会の問題解決に関わろうとするでしょうか？もし自分の心がまったく平和ということであれば、あえて行動する理由がなくなるのでは？」と。それで私はこう答えます。「愛から行動するのです」と。

恐れを感じなくなることへの恐れというのが、ワークを始めてまもない人たちにとり、大きなつまずきのひとつです。ストレスや怒りがなければ行動せず、無為に時間を過ごすだろうと信じているのです。私は、まったく怒りなしにつき動かされます。真実が私たちを解放し、自由から行動が生まれるのです。ストーリーがなく、敵がなければ、行動は自然発生的で、明確で、無限に優しいのです。

次の事例では、自分のビリーフに取り組むことがどのように社会の問題解決に役立つかを探求しています。

事例5

「企業は思いやりがない」
――それは本当でしょうか？

女性　『私は、企業に責任を取ってほしい。生命を尊重し、将来のことを気にかけ、自然環境や第三世界をサポートし、動物虐待をやめ、お金のことばかり考えるのをやめてほしい』」

ケイティ　「それでは、『彼らはお金のことばかり考えている』――**それは本当でしょうか？**　そうではない、と言っているのではありませんよ。正しいとか間違っているということではありません。ただ探求しましょう」

女性　「そうですね。お金のことばかり考えているように見えますけど」

ケイティ　「『彼らはお金のことばかり考えている』という考えを信じている時、**どのように反応しますか？**」

女性　「怒りやフラストレーションを感じます。そして彼らを人としてサポートしたくなくなります」

ケイティ　「それでは、『彼らはお金のことばかり考えている』という考えを信じた方がよい、ストレスにならない理由を教えて下さい」

女性　「そうですね……。そうすることで、私は変化を起こすことができます。私は少なくとも自分にできることをします」

ケイティ「その考えを信じていると、怒りやフラストレーションを感じるということでしたよね。それでは、あなたが変化を起こしたと考えているのに、彼らがまだ木を伐採していたら、あなたはどうなりますか？　さらなるストレスを通じてこそ、地球が救われると考えるのでしょう。それでは改めて、その考えを信じた方がいい、ストレスにならない理由を教えて下さい」

女性「ストレスにならない理由はありません」

ケイティ「それでは、『彼らはお金のことばかり考えている』という**考えがなければ、あなたはどうなりますか？**」

女性「平和です。幸せです。おそらく、よりクリアな感じがするでしょう」

ケイティ「そうですね。そしてもしかしたら、より効果的なことができ、意欲にあふれ、混乱が少なく、まだ想像もしていないやり方で本当の変化をもたらすことができる立場にいるのではないでしょうか。私の体験からいうと、明晰さというものは、暴力やストレスよりもはるかに効果的です。敵をつくらないので、和平交渉のテーブルにつきやすく、誰に対しても向き合うことができます」

女性「それはそうですね」

ケイティ「私がどんなに確かな情報をもっていたとしても、大気汚染について企業やその責任者を糾弾したところで、聞く耳をもってくれるでしょうか？　私の態度に相手は脅かされ、事実すら伝わらないかもしれません。なぜなら、私自身が恐れから関わっているからです。相手に伝わるのは唯一、私が相手のことを間違っていると考えているということです。相手の問題であると。そうするとその人は、否認や抵抗に入るでしょう。一方、私があるがままの現実を完全に信頼し、ストレスや将来への恐れなく、思いやりをもって相手に話をすることもできます。たとえば、このような感じです。『これが事実です。どうしたら共に、よりよい状況にできるでしょうか？他に方法はないでしょうか？　これからどう進めていけばいいと思いますか？』というように。そして相手が話す時、よく聴くことができます」

女性　「わかります」

ケイティ　「それでは、置き換えてみましょう。ワークシートの二番目の文章を自分に**置き換え**て下さい」

女性　「『私は、責任を取りたい。生命を尊重し、将来のことを気にかけ、自然環境や第三世界をサポートし、動物虐待をやめ、お金のことばかり考えるのをやめたい』」

ケイティ　「心当たりがありますか？」

女性　「いつも自分が取り組んでいることです」

ケイティ　「フラストレーションやストレス、怒りといったものなしに、取り組みたいと思いませんか？　でも自分の正しさを主張して企業の責任者に向かっていくと、敵にしか見えません。一方、クリアな意識でアプローチすれば、相手は、耳を傾けることができるでしょう。地球の将来について、相手はすでに心《ハート》ではわかっている話なのです。あなたが提案する解決方法についても、脅威を感じて防衛的になることなく、聞くことができるでしょう。あなたは感じがよく、魅力があり、一緒に取り組みやすい人に見えます。それが私の体験です」

女性「それはそうですね」

ケイティ「闘いは、闘いしか教えません。あなたが頭の中の環境をきれいにすれば、私たちも物理的環境をずっと速くきれいにすることができます。そうなっているのです。それでは、ワークシートの次の文章を見ていきましょう」

女性「『企業は、思いやりをもち、環境団体をサポートするためにお金を使うべきだ。目覚めて、将来のことを考えるべきだ』」

ケイティ「それでは、『企業は思いやりがない』——**それは本当でしょうか？**」

女性「これについても、そう思えますよね？」

ケイティ「私にはそうではありませんよ。あなたの言っていることは理解できますが。『企業は思いやりがない』という考えを信じている時、**あなたはどのように反応しますか？**」

女性　「時々、とても落ち込みます。でもそれはいいんです。なぜかというと、かなり怒りも感じますから。それが変化を起こす原動力になり、がんばれるんです」

ケイティ　「自分の中で怒りはどのように感じられますか？」

女性　「痛みとしてです。彼らが地球にしていることに耐えられません」

ケイティ　「そうした怒りはすべて、あなたの中で暴力的に感じませんか？」

女性　「そうですね」

ケイティ　「怒りは暴力的です。感じて下さい」

女性　「でも私を動かす原動力となるんです。ですから、ある程度ストレスがあるのはいいことなんです。ものごとを動かすために必要なんです」

ケイティ　「それではあなたが言っていることは、『暴力は効果的だ、暴力が平和的解決に至る道だ』ということですね。それは私には納得がいかないんです。人間は大昔からずっと、この点を証明しようとしてきました。あなたが言っていることは、暴力はあなたにとって健全なことだけど、企業は地球に対して使ってはいけないと。それでは、『自分をつき動かすために暴力が必要だ』——**それは本当でしょうか？**」

女性　「間を置いて」いいえ。怒りが湧き上がってくると、落ち込み、憔悴します。暴力がなくても、同じように原動力を感じられるということですか？」

ケイティ　「私はものごとを達成したり、自分をつき動かすために怒りや暴力を必要としません。

もし怒りを感じることがあれば、その背後にある考えについてワークをします。それにより、愛が原動力となるのです。愛よりパワフルなものがあるでしょうか？自分自身の体験について考えてみて下さい。そして愛より原動力となるものがあるでしょうか？　恐れや怒りは、落ち込ませるということでしたよね。あなたが誰かを愛する時、どれだけ意欲が湧くか、考えてみて下さい。『原動力として暴力が必要だ』という**考えがなければ、あなたはどうなりますか？**」

女性　「わかりません。かなり変な感じがします」

ケイティ　「それでは先ほどのワークシートの文章を、自分に**置き換え**て下さい。『私は……』」

女性　「『私は思いやりがない』。そうです。それは本当です。企業の人たちに対して、思いやりをもってきませんでした。私は思いやりをもつべきですし、地球のためにお返しすべきです。自分のお金を使って、環境団体をサポートすべきです。目覚めて、将来のことを考えるべきです」

ケイティ　「そうです。そして怒りがなく、暴力性を抱えず、企業を敵として攻撃することなく、心からそれができれば、人は気づき始めます。私たちは耳を傾け始め、平和を通じての変化は可能であることに気づきます。それはひとりの人から始める必要があります。それがあなた以外ということがあるでしょうか」

女性　「それは確かにそうです」

ケイティ「次の文章を見ていきましょう」

女性「『私は彼らに傷つけ、破壊するのをやめてもらう必要がある。今までのやり方を改め、いのちを尊重してもらう必要がある』」

ケイティ「それでは、『あなたは彼らにそうしてもらう必要がある』――**それは本当でしょうか？**」

女性「そうですね……。それは素晴らしいスタート地点でしょう」

ケイティ「『あなたは彼らにそうしてもらう必要がある』――**それは本当でしょうか？**」

女性「そうです」

ケイティ「あなたは自分の心の中に降りていっていますか？　本当に問いかけていますか？『あなたは彼らにきれいにしてもらう必要がある』――**それは本当でしょうか？**」

女性「そうですね……。日常で生きるためには必要ありませんが、そうなると素晴らしいと思います」

ケイティ「わかりました。あなたが幸せになるために必要なことなんですね？」

女性「望んでいることなんです。ケイティさんが言わんとしていることはわかりますが……」

ケイティ「必要と考えているのに、企業がこれまでと同じことをしているとしたら、どのように反応しますか？　企業はあなたの言うことを聞いていないんです。あなたは彼らの顧問でもないし［聴衆笑う］、あなたが電話をかけても出てくれない。留守番電話になるだけ。あなたは、『きれいにする必要がある』と考えるのに、彼らがそうしない時、**どのように反応しますか？**」

女性　「フラストレーションや痛みを感じます。気持ちが高ぶって、強い怒りや恐れを感じます」

ケイティ　「そうですね。こうしたビリーフに執着すると、かなりの恐れの中で生きることになります。このビリーフを手放した方がいい理由は見つかりますか？　手放して下さいと言っているわけではありませんよ」

女性　「たくさん理由は見つかりますが、私がとても恐れているのは……」

ケイティ　「そのビリーフを手放したら、何が起きますか？」

女性　「自分がもう気にかけなくなるでしょう」

ケイティ　「それでは尋ねます。『このことを信じなければ、あなたは気にかけなくなる。環境についてすべて気にかけなくなる』――**それは本当でしょうか？**」

女性　「いいえ」

ケイティ　「苦しまなければ、気にかけない――なんという考えでしょう。ストレスや思いやりが気にかけることだと考える時、あなたはどのように反応しますか？　私たちは、苦しみを擁護することになるのです。それも大義のために。私たちは、苦しみのために人生を犠牲にするのです」

女性　「わかります」

ケイティ　「それでは**置き換え**ましょう」

女性　「『私は、傷つけ、破壊するのをやめるべきだ』」

ケイティ　「地球をきれいにするという名前の下に自分自身を傷つけたり、破壊するのはやめましょう。『地球がきれいになったら、私は平和になる』というのは、意味が通るでしょうか。痛みにより、地球をきれいにするのでしょうか。自分が十分傷ついたら、十分苦しんだら、誰かがあなたの話を聞いてくれ、どうにかしてくれると考えるのでしょうか」

女性　「わかりました。私は、これまでのやり方を改める必要があります。私の命を尊重する必要があります」

ケイティ　「そうです。あなた自身の命をね。そこから始まるんです」

女性　「私自身の命を尊重する必要があるんですよね」

ケイティ　「そうです。あなた自身をいたわって下さい。そして平和を見つけ、頭の中の環境のバランスがとれたら、恐れなく、思いやりをもって、効果的に地球のバランスを正しに出かけて行くことができる専門家になって下さい。それまでは、ベストを尽くして下さい。企業の人も含め、他の人たちもベストを尽くしているんです。心のバランスを崩し、フラストレーションを抱えた女性が、どのようにして他の人たちにきちんとした行動をとらせることができるでしょうか。自分自身でまず学ぶ必要があるのです。それは心の中から始まります。暴力は暴力しか教えず、ストレスはストレスしか教えません。そして平和は平和を教えるのです。私にとり、平和はきわめて効果的です。よくやりました。いいワークでした」

苦しみを抱えているあなたに

あなたが苦しむべきか、苦しむべきでないか、私にはわかりません。自分自身の道と同様に、あなたの道を尊重します。あなたが自分のストーリーに惑わされ、それに執着したいのであれば、私は理解します。苦しみたくないというのであれば、あなたの力になります。ワークを通じて、あなたが行きたい限り深いところで私は出会います。あなたが何を言っても、私は受けとめるし、あなたが何を求めても、提供するでしょう。私はあなたを愛します。なぜなら、私は完全に自分を愛するからです。あなたを愛することは、自分を愛することとまったく同じです。

私の体験からいうと、混乱だけが唯一の苦しみです。混乱というのは、あるがままの現実に抗う時に起きます。あなたが完全にクリアであれば、あるがままこそが、あなたの望むことです。ですから、あるがままとは違うものを望む時、あなたは自分がとても混乱していることがわかります。

ワークは常に、本来の私たちに戻してくれる

ワークは常に、本来の私たちに戻してくれます。理解できるまでひとつのビリーフを探求すれば、次のビリーフが明らかになります。それをまた探求します。そしてまた次のビリーフを探求します。そうしているうちに、次のビリーフを楽しみにしている自分を発見します。ある時点では、あらゆる考え、気持ち、人、状況があたかも友であるかのように自分が出会っていることに気づくかもしれません。いずれは、問題を楽しみにするようになります。そして最終的には、何年も問題がないことに気づくのです。

ストレスの感覚が教えてくれること

私たちはワークを通じて、ビリーフやストーリーに対する執着がいかに苦しみを引き起こすかを発見します。ストーリーが発生する前には平和があるのですが、そこに考えが入り込むと、私たちはそれを信じ、平和が消えるように見えます。その瞬間、ストレスの感覚に気づき、その背後にあるストーリーを探求すると、それは本当ではないことに気づきます。考えを信じることにより、自分があるがままの現実に抵抗していることを、ストレスの感覚が教えてくれるのです。私たちが偽りを信じ、あたかもそれが真実であるかのように生きていることに気づいた時、ストーリーの外に出て、「今、ここ」にいることができます。そうすると、ストーリーは気づきの光に照らされて剝がれ落ち、実際にあるものについての気づきだけが残ります。平和とは、ストーリーのない、本来の私たちです……次のストレスとなるストーリーが出てくるまでは。やがては、湧き上がってくる考えやストーリーに対する、自然で言葉を伴わない気づきの反応として、ワークが私たちの中で生き始めるようになります。

現実は変えることができない

私は、あるがままの現実を愛します。自分がスピリチュアルな人間だからではありません。現実に抗うと、心が痛みを感じるからです。世界のいかなる考えをもってしても、現実を変えることはできません。あるがままがあるのです。私が必要としているすべては、すでに「今、ここ」にあります。私がほしいものは必要ないことが、どうしたらわかるのでしょう？——実際に今、もっていないからです。ですから、私が必要なものはすべて、与えられているのです。

ダウンがなければ、アップもありません。右がなければ、左もありません。これは二元性というものです。あなたに問題があるなら、すでに解決法もあるはずです。問われるべきは、あなたは本当に解決したいのか、それとも問題を継続させたいのか、ということです。解決法は、常にあります。ワークは、それを見つける助けになってくれます。問題について、紙に書きましょう。問いかけをし、置き換えをすれば、解決法が見つかります。

あなたを「あるがまま」から切り離すもの

恐れには、二つの原因しかありません。もっているものを失うという考えか、欲しいものを得られないという考えです。どちらの場合でも、起こり得る最悪のことは、ストーリーです。あなたが必要としているものは、何をもってしても取り去ることはできません。そして誰も、あなたが必要としているものを所有することはできません。「必要」というのは、あなたが自分自身に語っているストーリーだからです。それはあなたに痛みをもたらす偽りであり、あなた自身から切り離してしまいます。あなたをあるがままから切り離すのは、あるがままとは違うことへの欲求です。

不快な感情は、優しい目覚まし時計のようなもの

感情というのは、浮上してくる考えのパートナーのようなものです。左と右のように。考えが浮上すれば、同時に感情も起きます。そして、不快な感情というのは、優しい目覚まし時計のように、「あなたは夢（考え）の中にいますよ」と教えてくれているのです。探求する時が来た、ということにすぎません。けれども私たちがこの目覚まし時計を大切にしなければ、外の（ように見える）世界に手を伸ばすことにより、不快な気持ちを変えたり、操作しようとします。

私たちは通常、自分の考えよりも気持ちにまず気づきます。だからこそ、探求した方がいいかもしれない考えの中にいることを教えてくれる目覚まし時計だと私は言っているのです。その考えが受け入れがたく、心に痛みをもたらすものであれば、ワークをした方がよいかもしれません。

素晴らしいあなたに戻るには？

頭の中で「自分の領域」から離れてしまったら、すぐさま分離や孤独、恐れを体験します。あなたが孤独だったり、悲しかったら、自分自身に、頭の中で誰の領域にいるか、問いかけてみて下さい。あなたが誰かの領域にいることに気づくだけで、素晴らしいあなたに戻ることができます。なんて優しい場所でしょう。それは心の家《ホーム》です。

他の人のために何がベストか、知っていると考えることは、あなたの領域外です。そのように考えた結果、心配や不安、恐れが出てきます。頭の中で「自分の領域」から出てしまうと、彼や彼女、神よりも自分の方が知っていると考えてしまうのです。唯一のリアルな問いかけというのは、「自分自身にとって何が正しいか、自分は知り得るか？」というものです。それがあなたの唯一の領域です。そして、いずれわかるように、「自分の領域」というものもないのです。

私を好きになるのは、あなたの務めではない──私の務め。

心の痛みは贈り物

気分の落ち込みや心の痛み、恐れといったものは、贈り物です。「ねえ、この瞬間、自分が何を考えているか、見て。あなたにとって真実ではないストーリーの中に生きているんだよ」と言っているのです。偽りを生きることは、常にストレスです。そして、ワークを通じて偽りを探求することは、常に本来のあなたに戻してくれます。本来のあなた以外に選択の余地はありません。あなたは愛そのものなのですから。本来の自分以外のものであると信じ、愛に及ばないストーリーを生きるのは、心が痛みます。

考えに執着するということは、その考えが本当であると信じることを意味します。探求しない限り、自分の考えは本当だと思ってしまうのです。実際のところはわからなくても。執着が指向しているのは、私たちがすでに真実そのものであるという気づきから遠ざけることにあります。私たちは物事に執着するのではありません。物事についてのストーリーに執着するのです。

かつては悪夢だった考えが、今はただ興味深い

考えは友達であり、敵ではありません。ただそのままであり、湧き出てくる、無垢な存在です。私たちが考えをつくっているわけではありません。自分個人とは関わりがないのです。考えは、そよ風や木の葉や雨粒のようなものです。ただ生じるのであり、仲良くすることができます。あなたは雨粒に抵抗しますか？　雨粒同様、考えも湧いてくるだけで、自分個人と関わりがないのです。個人的なものと思われるのは、あなたがそうした考えに付け加えた意味なのです。ですから、ワークによって探求してみましょう。あなたの考えを理解をもって受けとめましょう。痛みを伴う考えであっても、ひとたび理解と共に受けとめれば、次にまた現れても、興味深いと思えるかもしれません。かつては悪夢だった考えが、今はただ、興味深いのです。次に現れた時は、面白いとさえ思えるかもしれません。さらにまた現れた時には、気づきさえしないかもしれません。執着がないからです。私は、子供に接するように自分の考えに接します。愛や優しさ、そして心静かな理解をもって接するのです。

自分は誰の領域にいるか？

あなたが「3つの領域」を理解し、自分自身の領域にとどまることができたなら、それだけで想像もつかないほどあなたの人生は自由になるでしょう。次にストレスや不快な気持ちを感じたら、自分自身に問いかけて下さい。頭の中で自分は誰の領域にいるか、と。笑い出すことだってあるかもしれません。この質問は、自分自身に戻してくれます。そして、自分が「今、ここ」にあまりいたことがなく、これまでずっと頭の中で誰かの領域において生きてきたことに気づくかもしれません。そうした実践をしばらく続けることができれば、実は「自分の領域」というものもなく、それでも人生がひとりでにまったくうまくいくことに気づくでしょう。

それは自分を愛するということ

私があなたにワークをするのは、あなたが必要と考えるからです。私にはそのような考えはありません。私は、あるがままのあなたを愛します。私自身に対しても同様です。それでもあなたは私の内面だから、あなたが頼んでいることは、私が頼んでいること。自分自身の自由のために、私が私自身に頼んでいるのです。それは自分を愛するということです。いつでもまったく自分中心なのです。

あるがままに愛する

私はよく、悟った人なのかと聞かれます。それについては、何もわかりません。私はただ、心に痛みをもたらすものとそうでないものとの違いを知っている人間というだけです。私はまた、あるがままだけを欲する人間です。湧き上がってくる考えのひとつひとつに対し、友達のように出会うことは、私の自由につながります。ワークは自分の中で始まり、自分の中で終わるのです。

ワークは、「すべて愛しなさい。まったくあるがままに」と言っています。そして、どのようにしたらいいかを教えてくれます。知恵とは、心に痛みをもたらすものとそうでないものとの区別を知ることにすぎません。その中には、とてつもないほどの自由があります。正しいことをしなければいけないというわけではなく、ただ、自分自身をごまかすのをやめ、一定の気づきをもって行動することを可能にしてくれるのです。ひとつの道は苦しみにつながり、もうひとつの道は平和につながります。

世界はあなたの思考の鏡像

世界は、あなたの認識通りです。内側の世界と外側の世界は、常に一致します。お互いの鏡なのです。世界は、あなたの思考の鏡像であり、あなたの内側が混乱していれば、外の世界もそれを反映せざるを得ません。あなたが信じるものが見えるのです。混乱した考えをもつあなたが外の世界を見た時、あなた自身を見るでしょう。あなたは、あらゆるものを自分なりに解釈します。もしあなたが混乱していれば、見聞きするものは、混沌としたものにならざるを得ません。たとえイエスや仏陀があなたの目の前に立って話していたとしても、あなたには混乱した内容しか聞こえないでしょう。なぜなら、聞き手が混乱しているからです。相手がこう言っているだろうとあなたが考えることしか、耳に入ってきません。そして、あなたのストーリーが脅かされたとたん、相手に反論し始めるのです。

あなたは自分で呼吸していますか？

あなたが間違った決定をすることはあり得ません。あなたがどのように決定したかについて浮かんでくるストーリーを体験するだけです。私は、「あなたは自分で呼吸していますか？」と尋ねるのが好きです。――「いいえ」ですか？　もしかしたら、あなたは自分で考えているのでも、自分で決定しているのでもないかもしれません。呼吸や風のように、決定というものは、動く時までは動かないというものかもしれません。それにもかかわらず、あなたはいかに自分で決定しているかというストーリーを語っています。それにより、自分が自然そのものであり、完璧に流れているという気づきから自分を遠ざけているのです。「自分が決定する必要がある」というストーリーがなければ、あなたはどうなりますか？　決定することがあなたにとって「一貫性《インテグリティ》をもつ」ことであれば、そうして下さい。

決断できない人へ

決断するのは、簡単です。簡単ではないというのは、あなたが語るストーリーです。あなたが飛行機から飛び降りた時、パラシュートのひもを引いても開かないとしたら、恐れを感じます。なぜなら、最後の手段である次のひもを引いても開かないのではと考えるからです。実際、最後のひもを引いても開きません。そうなると、決断しようがありません。決断がなければ、恐れもなく、あとは飛ぶのを楽しむだけです！　それが私の立場です。私はあるがままの現実を愛します。あるがままというのは、引っ張るひもがないということです。すでに起きているのです。自由落下。私とは関わりがないことなのです。

自分自身についてあなたが語っているいかなるストーリーも、苦しみを引き起こす。真実のストーリーというのは存在しない。

死の床にあったとしても……

私は現実を愛します。なぜなら、現実を愛することがいかに自由でパワフルかを知っているからです。私が欲するのは唯一、あるがままの現実です。それだけです。物事を変えようと計画しても、求めていたものに達しません。「私は大丈夫ではない」というシンプルな考えすら、気が滅入ります。なぜなら、まったくの偽りだからです。死の床にあったとしても、私は大丈夫なのです。

私自身の体験からいえることは、私は完全性の中で生きているということです。私たちは皆そうなのです。完全性というのは、私が生きる平和な世界です。私は何も知りません。何も解明する必要はありません。私は四三年間にも及ぶ行き場のない考えを手放しました。今、私は、「わからない」という「無知の知」の状態でいられます。それは私の人生に平和や喜びのみをもたらしてくれます。それは、私の目の前ですべてのものが「私」として展開していくのを見ることができるという、絶対的な充足感なのです。

問いかけは、自分へ戻る道

私は、役に立つと考える人たちにワークを提供しますが、万人向けというわけではありません。ただ、提案しているだけです。使える可能性があるのはワークであって、私の言葉や存在など、私に関するいかなるものにも価値があるわけではありません。価値あるものは、目に見えたり、耳に聞こえたりしません。私の真の価値は、目に見えないものです。4つの質問と「置き換え」は目に見えるものですが、それらに答える中に価値があります。苦しむことに疲れた人は、それを体験することができます。助けを求めれば、手に入ります。なぜなら、その価値は自分自身のものとなるからです。

質問を活用すれば、自分自身を見つけることができます。質問は、自分へ戻る道です。あなたの答えの中で、あなたは私でもあります。その中心において、私たちは出会います。それが私の姿を見、聞き、理解する唯一の方法です。中心というのは、心《ハート》であり、真実です。私という存在は、そこで出会う人たちに対して初めて誕生するのです。

「至福」も「日常」も同等

私がワークを好きな点は、「至福」といわれる状態も、「日常」といわれる状態も、どちらも同等だとわかるようになるということです。ひとつの状態が、もうひとつの状態よりも高いということはありません。これ以上、目指すべきものはありませんし、離れるべきものもありません。それが探求の美しさです――私たちがどんな状態であっても、すべてよいのです。

✣

何があっても、私たちには常に得るものがある

私たちがあるがままの現実を愛すれば、この世界でとても生きやすくなります。世界というのは、まさにあるべき状態で存在しているのです。すべては「神」であり、すべてはよいのです。私たちは常に、自分が実際に必要とするものを得るのであって、自分が必要と考えているものを得るのではありません。そして、私たちが実際に必要とするのは、たんにもっているものだけではなく、望んでいるものでもあることに気づくと、私たちはあるがままの現実のみを望むようになります。そのようにして、何があっても、私たちには常に得るものがあるのです。

すべてOK

自分の体験からいえることは、私は自由だということです。心の中で私はそのように生きます。私は自分の考えを探求し、何の意味もないことを発見しました。私は理解から来る喜びで輝きます。私は苦しみというものを知っていますし、喜びも知っています。自分が何者かも知っています。私は善きなるものです。私たちは皆そうなのです。ここには害はありません。アリを意図的に踏む前に、私は自分自身を止めるでしょう。なぜなら、私はどう生きるかを知っているからです。ストーリーがなければ、心配する必要はありません。何もする必要がなく、どこへも行く必要はなく、誰にもならなくていい。過去も未来もない。すべてOKと感じる。すべてよいのです。

愛を通じてつながる

思いやりというものは、どのように見えるでしょうか？　どうすればいいかを知る必要はありません。あなたに示されています。誰かがあなたの腕に飛び込んでくれば、自然にわかるでしょう。あなたがそうしているのではありません。思いやりというのは、「すること」ではありませんし、それについてあえて考える必要もありません。ただ然《しか》るべきことをすればいいのです。あなたが相手と痛みを通じてつながっても、愛からつながっても、あなたがただ立ったり座ったりしているという意味では同じですが、前者は心地よくなく、後者は心地よくいられます。

この瞬間においてのみ、あなたは現実の中にいます。誰もが、自分そのものである「今、ここの瞬間」に生き、自分そのものである目の前の現実を愛することができます。そして愛の奇跡は、意味づけされない瞬間に訪れます。あなたが頭の中でどこかに行っていたら、リアルな人生を逃すでしょう。

何かが終わる時

何かが終わる時は、終わります。その時点が訪れた時は、誰もがわかります。私たちはそれを尊重することもできれば、無視することもできます。

「今、ここ」には常に多くの豊かさがあります。テーブルや床、ラグマット、窓、空。他にも、自分が生きている世界をいくらでも描写できます。この瞬間を描写するには、一生かかるでしょう。この瞬間というものは、私のストーリーとしてしか存在しませんが。それは素晴らしいことではないでしょうか。あるがままの現実。ただ存在するだけ。私はこの豊かさの中で死ぬことができます。そのために私は何もしていません。気づいただけです。

思考が心の中にくつろぐ時

私たちは、子供たちのために、そして体のために、家を買います。車のために車庫を手に入れます。犬のために、犬小屋をもっています。けれども、自分の思考《マインド》のためには心の家《ホーム》を用意しないのです。のけ者扱いです。辱め、非難し、また辱めます。けれども、思考《マインド》が問いかけをするのに任せたら、心《ハート》が答えを明らかにしてくれます。そうすると、思考《マインド》がようやく心《ハート》の中にくつろぐことができます。そして、心《ハート》とひとつであることがわかるのです。

４つの質問とは、そういうことです。問題について書き出し、探求する。そうすると、心《ハート》があなたに答えをくれます。実はあなたはその答えについて、ずっとわかっていたのです。これが謙虚さというものです。他にすることはないのです。部屋の中で立ったり、椅子に座ったりしながら、ストーリーを見て下さい。恐れを感じたり、気が滅入ったら、４つの質問をし、置き換え、心の家《ホーム》に帰りましょう。

起こることをコントロールすることはできない

ただあるがままを受けとめましょう。そうした方がいいのです。それが現実なのですから。あらゆることが、独自のタイミングで起きます。あなたにはコントロールできません。これまでコントロールできたことはありませんし、これからもできません。起きていると自分が考えていることについて、ストーリーを語っているにすぎません。自分が動きを起こしていると思いますか？　そうではありません。ただそのように見えるだけで、あなたはあたかも自分に関わりがあるかのようなストーリーを語るのです。「自分が脚を動かした。自分が歩くことに決めた」というように。探求することにより、それはあるがままの現実についてのストーリーにすぎないことがわかるでしょう。

自分がこれから動くことを知っているのは、あらゆることが同時に起きているからです。動きが起きる前から、あなたはストーリーを語ります。なぜなら、あなたはその時点ですでに動きとなっているからです。「それ」が動くと、あなたは自分がしたのだと考えます。そして、どうあるところに行くか、あることをどのようにするかというストーリーを語ります。あなたが遊べる唯一の場が、ストーリーです。人生におけるたったひとつのゲームなのです。

人の痛みを感じることはできない

思いやりというのは、人の痛みを感じることだと考える人たちがいます。そんなことはありません。人の痛みを感じることはできないのです。あなたがその人の立場だったら、どう感じるかを想像します。そして、自分が相手に投影したことを感じるのです。ストーリーがなければ、あなたはどうなりますか？　痛みがなく、幸せで、誰かがあなたを必要としていたら、心から助けることができます。聞き手となり、わが家に師や仏陀がいるようなもの。それは、苦しみからの解放を生きている人なのです。

あなたと私、それぞれの体が分離しているということがとてもいいと思うのは、あなたが傷つく時、私は傷つかないということです――私の番ではないのです。私が傷ついても、あなたは傷つきません。その場合は、私たちの間に、あなた自身の苦しみをおかずに、ただいてくれませんか？　あなたの苦しみは、私に道を示すことができないのです。苦しみは、苦しみしか教えられません。

自分の考えに「友」として出会う

私が目覚めの体験をした時、思考というものが敵であるということを教わったことがありませんでした。ですから、私がそれぞれの考えに対して理解をもって受けとめ、友として歓迎するのも自然なことです。私があなたに敵として出会いながら、ストレスを感じないということはできません。だとしたら、私がどうして自分の中の考えに敵として出会いながら、ストレスを感じないでいられるでしょうか？　私が自分の考えに友として出会うことを学んだ時、私はひとりひとりの人にも友人として会っていることに気づきました。

世界の中に苦しみはありません。苦しみがあるとあなたに信じさせている、探求していないストーリーがあるだけです。世界には、リアルな苦しみはありません。それは驚くべきことではないでしょうか。ワークに取り組み、自分自身で確かめてみて下さい。

自分の心の内側に入っていき、目を向け、理解をもって受けとめる

私たちが恐れるのは唯一、自分自身です。心の内側に入っていき、目を向け、理解をもって受けとめるということをしていない自分の側面です。たとえば私が、あなたに退屈と思われると考え、それが自分にとって恐ろしいことだとしましょう。その場合、私はその考えを探求していないのです。ですから、私を怖がらせるのは、人ではなく、自分自身です。私が自分自身のためにこの恐れについて探求し、やめるまでは、それが私の役目なのです。起こり得る最悪のことというのは、「私自身について私が考えていることをあなたが考えている、と私が考えること」です。

ですから私は、「私」だらけの中にいるのです。

何も決める必要はない

あなたがあるがままの現実を愛するようになれば、戦争は終わります。もう何かを決める必要はありません。自分について私の好きな言い方は、「未来をもたない女」です。何も決める必要がなければ、未来もありません。私のあらゆる決定は、私のためになされるのです。あなたにとってもそうであるように。あなたはただ頭の中で、自分がいかに決定に関与しているかというストーリーを語っているにすぎません。

あなたにとって真実ではない考えに執着しない限り、不安を感じることはない。
そのくらいシンプルなこと。

「私」が生まれるまで、世界は存在しない

あなた自身の中に平和が訪れるまで、世界に平和はありません。なぜなら、あなたが世界であり、地球だからです。地球とは、ストーリーでしかありません。あなたが夜、夢を見ずに眠っている時、世界はありますか？　あなたが目を覚まし、「私は」という意識をもつまでは、ないでしょう。「私は起きた」、「私は仕事に行かなければならない」、「私は歯を磨く」というように。「私」が生まれるまで、世界はないのです。「私」というものが生じる時、あなたが自分だと思っている映画にようこそということになります。ポップコーンを用意して。行きますよ！

あなたが探求すれば、執着は生じません。それはただ素晴らしい映画なのです。探求しなければ、「私」が生じ、体にアイデンティティを置き、それがリアルなものだと信じ込みます。それはまったくの空想です。あなたが自分は体だと考えるのであれば、探求することをお勧めします。

あるがままの現実を愛すれば、生きることはとてもシンプルになる

ある男性が私にこう言ったことがあります。「『上昇《アセンション》』[訳注1]のマスターというのは聞いたことがあるけれど、あなたは『下降』のマスターですね」と。私には師がいなかったため、何かを目指すということを学んだことがありません。あるがままの現実を愛するのは、簡単なことでした。ストーリーを外した現実というのは、お茶の入ったカップをもって椅子に座っている女性、ということです。それで十分です。なぜなら、それがあるがままの現実だからです。あるがままの現実を愛すれば、この世界で生きることはとてもシンプルになります。なぜなら世界は、まさにあるべき状態だからです。

ビリーフをもたずに生きる時、私たちは本当に生き生きとする。
オープンで、信頼し、待つことができ、今、目の前に現れるものに取り組むことを愛する。

愛と理解だけがあなたを癒す

悟りなど、どうでもいいことです。自分の呼吸を意識し、「今、ここ」に目覚めることができさえすれば、悟りのような概念はすべて崩れます。思考《マインド》は心《ハート》の中に家《ホーム》を見つけます。思考《マインド》は心《ハート》と融合し、分離していないことに気づきます。家《ホーム》を見つけてくつろぐことができるのです。思考《マインド》が、脅かされたり、叱られたり、追い払われることはありません。ストーリーが理解をもって受けとめられるまで、平和はなく、愛と理解だけが癒すのです。

ストーリーから自由になる

ワークに取り組むたびに、ストーリーへの執着が少なくなります。ストーリーがなければ、あなたはどうなりますか？　探求するまで、あなたはわかりません。あなたそのものであるストーリー、もしくはあなたにつながるストーリーというものはありません。どのストーリーも、あなた自身から離れてしまうのです。置き換えて、自由になりましょう。あなたは、あらゆるストーリーの前から存在しているのです。あなたという存在は、ストーリーが理解された後でも残るものです。

ワークを行う時は真実や自由を愛する気持ちで

「自分の最大の敵の前で幸せを存分に感じられるまで、私のワークは終わっていない」というようなことを私は言います。それがワークをする動機のように聞こえるかもしれませんが、そうではありません。ただ、気づいたことを言っただけです。妻に戻ってきたもらうためとか、しらふになるためとか、何らかの動機をもってワークを行わないようにしましょう。真実や自由を愛する気持ちでワークを行って下さい。そのためにこそ、パートナーにいてほしいのではないですか？　あなたが幸せで自由になるために。それなら、パートナーを間にはさまないで、今、幸せで自由になって下さい。あなたがそうなるのです。他にすることはありません。

ストーリーがなければ、楽に動ける

何も意味がなく、自分が何者でもないとしたら、どのように私は生きていられるのかと聞かれることがあります。答えはとてもシンプルです。私たちは、生かされているのです。あなたは自分で呼吸しているのですか？　今、顔に手を当てたのは、あなたですか？　それを計画したのですか？　ストーリーがなければ、私たちは楽に動くことができます。完璧な健康や滑らかさ、自由、多くの愛と共に。抵抗や闘いがありません。ただ、こうした可能性は、自分がコントロールできると考えている多くの人にとり、怖さを覚えるものかもしれません。探求し、人生がどうなるか、体験してみて下さい。もっと多くの喜びを感じるでしょう。

あらゆる「なぜ」や「いつ」や「どこ」が私たちを手放してくれる時

あなたの自我は、あなたを始終怯えさせずにはいられません。それにより、あなたは探求し、「今、ここ」にある体の中の自分自身に戻ってこれるのです。私たちは皆、こうしたことを体験するためにいるのです。自分の考えに執着していない時、あらゆる「なぜ」や「いつ」や「どこ」が私たちを手放してくれる時、実際にあるものが見えるようになります。

自我は、真実を恐れる。そして真実というのは、自我には実体がないということ。

すべての恐れは、愛への恐れ

死への恐れというのは、あるがままの現実に対する愛を恐れることから張り巡らせる、究極の煙幕です。思考《マインド》は、「無」を概念化し、本来の死を体験することから遠ざけてしまいます。すべての恐れは、愛への恐れです。なぜなら、何であれ、その真実を発見するということは、何者も存在せず、行為者もおらず、苦しみをつくりだしたり、何かに同一化している自分もいないと発見することに等しいからです。ただ愛だけがあるのです。

✣

ただ、自分自身のことを聴く

自己が自己に出会う——そういうことなのです。「神」が自分に光明を与えてくれるのを待っていたら、長く待つことになるかもしれません。もしかしたら、何年も、何十年も。私が膝をついて、真摯な気持ちを振り絞って「神」に祈る時、話を聴いているのは、私自身なのです。「神」にお願いしたことを、自分ができないでしょうか？　私が自分自身のことを聴いてあげられないでしょうか？　他に聴いている人はいないのですから。私は、現実を愛します。私はただ、自分自身のことを聴いてあげられないでしょうか？　そして、自分自身のことを聴く時、そこに分離はありません。もし私が「神」に何かをしてほしいなら、私はそれを自分がすることに置き換えます。そして、その平和な状態において、真実を知るのです。

過去のストーリーについて一番好きなところは、もう終わったということ

私にとっては、現実が「神」です。統制しているものなのですから。私の兄弟が死ぬべきであったとどうしていえるかというと、実際に亡くなったからです。それがあるがままの現実です。私の賛否や意見を聞いてもらえるわけではありません。そして、その現実すらも存在しません。なぜなら、彼が亡くなったという現実は、過去のストーリーだからです。[訳注2] 過去のストーリーについて私が一番好きなところは、もう終わったということです。だから私は現実を愛するのです。現実はいつも、それについてのストーリーよりも優しいのです。

✣

「頭の中の静けさ」はすでにある

「今に生きる」でしょうか？　「今」という考えも、概念です。考えが終わる前に、「今」はなくなっています。「今」が確かに存在したという証拠もなく。考えすらも、実際には存在しません。だからこそ、誰もが求めている「頭の中の静けさ」はすでにあるのです。

時間には始まりがない。考えに始まりがあるだけ。

赦すべきものは何もない

「赦《ゆる》し」とは、あなたが起きたと考えていた通りのことは実は起きていなかったと知ることです。ですから、そもそも赦すべきものは何もなかったのです。あなたが見ているものについての考え以外に恐ろしいものはありません。ですから、あなたが苦しむ時はいつでも探求し、自分が考えていることに目を向けて下さい。そして自分を解放して下さい。何も知らない子供になりましょう。無垢の心をずっと貫いて下さい。自由に至るまで。

✣

あらゆるものはひとつ

あらゆるものは対等です。この魂、あの魂とあるわけではありません。ひとつしかないのです。それが最後のストーリーです。そしてそれも真実ではありません。あなたがいかに個別の存在であろうとしても、それは不可能です。あなたが信じる考えはすべて、このつながりを断とうとする試みなのです。けれどもそれはたんなる試みにすぎず、断ち切ることはできません。だからこそとても居心地がよくないのです。

✧意識として生きる

私たちは意識《アウェアネス》として生きます。意識《アウェアネス》はすべてであるため、常に何かに焦点を当てています。自分自身の指や足に気づくのです。意識《アウェアネス》の息は、その舌の裏側に触れるかもしれません。意識《アウェアネス》がどこにあるかは問題ではありません――呼吸、指、足のつま先――常に何かが意識《アウェアネス》の中で意識《アウェアネス》として起きているのです。何も意識《アウェアネス》を動かしているものはなく、それでいながらたえまない動きの中にあります。その焦点は、それ自体です。心臓のように、常に「今、ここ」にあるのです。速くなったり、遅くなったりしません。安定した状態です。それは「無」ですが、あまりにも美しいため、自らを「何か」と呼びたいのです。

今、意識《アウェアネス》は私の頭に乗せた手であり、長椅子に置いた私の肘であり、鼓動する私の心臓であり、自然なリズムで揺れている私のつま先です。私の指も同じ動きをしているのに気づきます。すべてがかすかな動きです。私が何かに執着していたら、気づかないでしょう。私が話している時も、動きは続きます。私が話しているように見えても、音はありません。私が音を聴く時、それは沈黙でもあります。口が話している時に、舌が口蓋に触れ、上と下の唇が合わさります。椅子が私を支えます。私はいつも抱かれています。歩いている時さえも、大地は私を支えてくれているのです。

訳注１　精神世界において、より高い次元に上昇するという意味で使われる言葉。

訳注２　彼が私の心の中で生きているのを感じるということが今の現実かもしれません。

ワークのやり方

本書をお読みになり、ワークに関心をおもちになった方のために、基本的なやり方をご紹介します。

1 ストレスや苦しみをもたらす考えを特定する

自分にストレスや苦しみをもたらしている考えを特定し、ワークに取り組みやすいよう、簡潔な文章にします。ひとつの文章の中に複数の考えが出てきたら、ひとつのワークにつき、ひとつの考えを選びます。たとえば、「彼は人の話を聞かず、傲慢で、勝手に行動する」であれば、「彼は人の話を聞かない」、「彼は傲慢である」、「彼は勝手に行動する」という、それぞれの考えに分けて探求します。一度にひとつを選んでワークを行って下さい。

取り組む考えを明確にするには、286〜287ページの「ジャッジメント・ワークシート」を活用できます。ワークシートに記入する際は、遠慮せず、思いきり相手のことを裁いたり、批判して下さい。これは相手についてのワークではありません。あなたの考えについてのワークなのです。相手に対して、以前には問題を感じていたけれど、今はそうではないという場合でも、完全にクリアになっていなければ、ワークを行うことができます。自分自身をジャッジすることは初心者には難しいので、お勧めしません。

2 「4つの質問と置き換え」を行う

ひとりの人物を選び、ジャッジメント・ワークシートの空欄に記入したら、それぞれの文章に対し、4つの質問と「置き換え」を使って、ワークを行いましょう。4つの質問と置き換えは、セットで行うことにより、効果を発揮します。

ワークシートの1番の回答文については、「なぜなら」の後の文章に対して、ワークを行っていきます。たとえば、1番の回答文が、「私はポールに対して怒っている。なぜなら、私を大切にしていないから」だとしたら、「なぜなら」の後の文章を選び、主語を補い、語尾の「〜から」を除いて、「ポールは私を大切にしていない」がワークで取り組む文章となります。

この取り組む文章に対し、4つの質問を投げかけます。たとえば、次のようになります。

❖4つの質問

① それは本当でしょうか？――〔はい・いいえ〕

② その考えが本当であると、絶対言い切れますか？〔あなたは、彼の心の中まで読めるのでしょうか？ 二四時間、ずっと大切にしていないのでしょうか？〕――〔はい・いいえ〕

③ そう考える時（その考えを信じる時）、あなたはどのように反応しますか？〔その考えを

信じている時、気持ちや体の感じはどうでしょうか？　相手にどう接しますか？」

――例：怒りがこみ上げてくる、情けなくなる、みぞおちのところが、力が抜ける感じ。

④　その考えがなければ、あなたはどうなりますか？〔目を閉じて、想像してみて下さい。状況は同じだが、その考えがなければ、自分はどうなるか、相手との関係はどうなるか、相手のことがどう見えるか。考えを無理に抑えたり、切り捨てたりしないで下さい。脇に置く、あるいは考えがパッと消えるとか、その考えを考える能力が失われたとしてみて下さい〕

――例：楽な感じ。リラックスして、自分自身でいられる。なぜ連絡してこないのだろう、と素直に興味をもつことができる。彼のことを落ち着いて見ることができる。

なお、右の質問中、「それ、その考え、そう考える時」というのはいずれも、取り組んでいる考え、「ポールは私を大切にしていない」を指します。

ストレスになっている考えに対し、4つの質問を順番に問いかけていって下さい。頭で答えるのではなく、十分な間《ま》をとって、心の奥深く、静けさの中から答えが浮上してくるのを静かに待ちましょう。心から思っていないことを無理に答える必要はありません。

4つの質問が終わったら、「置き換え」を行います。基本的な置き換えには、次のようなものがあります。取り組む順番は問いません。

❖置き換え

《内容を反対にして置き換える》　例　「ポールは私を大切にしている」

《主語を置き換える》　例　「私はポールを大切にしていない」

＊「主語を置き換える」ことができるのは、文章の中に、登場人物が二人いる場合です。

《自分自身に置き換える》　例　「私は私を大切にしていない」

そして、置き換えた文章のそれぞれに対し、真実味のある3つの具体例ないし理由を挙げましょう。小さなことでも構いません。たとえば、内容を反対にした置き換え、「ポールは私を大切にしている」については、「朝、必ずおはようと言ってくれる」ということかもしれませんし、「人前で、自分のことをほめてくれたことがある」ということかもしれません。主語を置き換えた「私はポールを大切にしていない」については、頭の中で彼を攻撃しているかもしれません。ただし、置き換えは自分を責めるためのものではありません。素直に認めることはよいのですが、自己批判や自己非難に陥らないように注意しましょう。自分に対して優しく、思いやりをもって取り組むことが大切です。自分自身に置き換えた「私は私を大切にしていない」というのは、彼のことを考えるのに多大なエネルギーと時間をかけ、本来自分がすべきことがおろそかになっているのかもしれませんし、「彼が私のことを大切にしていない」と考えるたびに、自分で自分を貶《おとし》め、心を傷つけているかもしれません。

ストレスをもたらしている考えを信じている時には、視野が狭くなり、その考えを証明する証拠だけが目に入ります。置き換えた文章の具体例を挙げることで、目を向けていなかった現実が見え、バランスがとれ、心が和らぎます。

なお、無理に自己納得するのではなく、本当にそうだと思える具体例や理由を挙げることが大切です。ワークは考えを変えるためのものではなく、自分にとっての真実を探求するためのものです。

ワークシートの回答文5については、4つの質問と置き換えをする代わりに、自分を主語に置き換えて読むことができます。真実味を感じることができるでしょうか？　それから回答文6の置き換えは特別です。「～してもよい」、「～することを楽しみにしている」と置き換えるのです。「ポールは私を大切にしなくてもよい」、「ポールが私を大切にしないことを楽しみにしている」となります。そして、真実味のある具体的理由を3つ挙げます。自虐的になることが目的ではなく、「ポールが私を大切にしていないと感じてもよい、感じることを楽しみにしている」という意味になります。なぜなら、大切にしていないと感じたら、そういう自分の反応に取り組み、成長する機会とすることができるからです。

なお、詳しいやり方については、ワークの基本図書であるバイロン・ケイティ著『ザ・ワーク』（ダイヤモンド社刊）をご覧下さい。下記サイトもご覧いただけます。www.thework.com

バイロン・ケイティ・ワーク

ジャッジメント・ワークシート

人を裁く ・ 書く ・ 4つの質問をする ・ 置き換える

自分に繰り返しストレスを生む状況について、思い浮かべて下さい。明らかにストレスを生む状況であれば、実際に起きたのは1回だけで、あとは頭の中で何度も考えるということでも結構です。下記の各質問に答える前に、頭の中でその状況や時、場を思い出して下さい。答えを書く時は、丁寧であろうとしたり、思いやりをもとうとしたり、賢い答えを書こうとしないようにしましょう。

1. この状況や時、場において、誰に怒りを感じたり、混乱したり、失望しますか？ それはなぜですか？

私は ____________（名前） に対して ____________（感情） 。なぜなら、 ____________________

____

例:私はポールに対して怒っている。なぜなら、私がいうことにいちいち反論するから。

2. この状況において、あなたはその人にどのように変わってほしいですか？ 何をしてほしいですか？

私は ____________（名前） に ______________________________

____

____

例:私はポールに自分の誤りを認めてほしい。私は彼に謝ってほしい。

3. この状況において、あなたは、その人にどのようなアドバイスをしますか？

____________（名前） は ______________________________ すべきである/すべきでない。

____

____

例:ポールは自分を大切にすべきである。彼は私と議論すべきでない。彼は嘘をつくのをやめるべきだ。私はただ助けようとしているだけだということをわかるべきだ。

4. この状況において、あなたが幸福になるために、その人は何を考えたり、言ったり、感じたり、行う必要がありますか？

私は ＿＿＿＿＿＿ に ＿＿＿＿＿＿＿＿＿＿＿＿
名前

＿＿＿＿＿＿＿＿＿＿＿＿＿＿＿＿ してもらう必要がある。

例:私はポールに私の話を聞いてもらう必要がある。私はポールに私のことを尊重してもらう必要がある。

5. この状況において、その人のことをどう思いますか？　リストアップして下さい。

＿＿＿＿＿＿ は ＿＿＿＿＿＿＿＿＿＿＿＿
名前

＿＿＿＿＿＿＿＿＿＿＿＿＿＿＿＿

例:ポールは不公平で、傲慢で、うるさく、不誠実だ。外れたことをし、自覚がない。

6. この状況において、あるいはこの状況に関して、二度と体験したくないことは、何ですか？

私は二度と ＿＿＿＿＿＿＿＿＿＿＿＿＿＿＿＿

＿＿＿＿＿＿＿＿＿＿＿＿＿＿＿＿ たくない。

例:私は二度とポールから感謝されていないと感じたくない。私は二度と彼がタバコを吸って健康を害するのを見たくない。

4つの質問

元の文章: ポールは、私の話を聞いてくれない

1. **それは本当でしょうか？**
2. **その考えが本当であると、絶対言い切れますか？**
3. **そう考えるとき、あなたはどのように反応しますか？何が起きますか？**
4. **その考えがなければ、あなたはどうなりますか？**

置き換えましょう

a) 自分自身に置き換える（*私は、私の話を聞かない。*）
b) 主語を置き換える（*私はポールの話を聞かない。*）
c) 内容を反対にする（*ポールは、私の話を聞いてくれる。*）

そしてこの状況であなたにとって真実味をもつ、3つの具体例を挙げて下さい。

ワークのやり方については、www.thework.com/nihongoを参照して下さい。

訳者あとがき

バイロン・ケイティの「ワーク」は、新しい、画期的な「思考の使い方」を私たちに教えてくれているともいえます。思考の枠組みを広げ、心を解放し、クリアに考え、行動することを可能にしてくれているのです。私たち人間は、「思考」の能力を得ながら、まだうまく使えていないともいえます。『タイム』誌がケイティのことを、「新しい世紀の精神的革新者」と呼んでいることも決して大げさではありません。

私たちの通常の「思考の使い方」とは、どのようなものでしょうか。私たちは多くの場合、さまざまな考えに振り回され、迷います。そしてストレスになればなるほど、視野が狭くなり、自分の考えが本当だと信じ込み、それ以外の現実や可能性が見えにくくなります。そうした考えに何年も執着し、自分のアイデンティティをその上に築いてしまっていることもあります。たとえば、「自分がいなければ、この仕事は回らない」、「家事をするのは、主婦である彼女の役割だ」といったように。

クリアに考え、選択し、行動し、関わるのはなかなか難しいことです。ロジカルに考えていると思っても、知らず知らずのうちに感情の影響を受けていることもあります。

それでは、思考と感情の関係とは、どのようなものでしょうか。ケイティは、感情の背後には、何らかの考えがあると言います。たとえば、怒りの感情の背後には、「彼はちゃんと私の話を聴くべきだ」という考えがあるかもしれませんし、悲しみの感情の背後には、「僕は彼女なしでは、幸せになれない」という考えがあるかもしれません。ワークの問いかけ（質問3）の中では、自分の考えが、気持ちや体の感じにどのように影響を与えているか、その因果関係を見ていきます。自分の考えに責任を取るのです。

私たちはふだん、思考よりも感情の動きに気づきやすいといえます。自分が怒っているとか、悲しいとか。ただし、感情の問題があったとしても、それを直接扱うのはなかなか難しいのです。それよりも、感情の背後にある考えに取り組んだ方が効果的です。

さまざまな考えが浮かんでくるのは、ケイティも言うように自然現象のようなものですが、私たちは日々、「～さんは私のことを～と思っているのではないか」、「言わなければいけないことがあるけど、伝えたら彼は怒るだろう」、「この仕事は私の能力を超えている」といったような考えに多くのエネルギーや時間を費やしています。また、「彼女は私の話を聴くべきだ」といった考えに囚われていて、実際にはその人が話を聴かないとしたら、現実と闘うことになります。それも消耗します。そうしたストーリーやビリーフを信じるのではなく、「本当でしょうか？」という探求の姿勢をもち続けることで、ストレスから解放され、人やさまざまな状況について、新しい可能性を見つけることができるでしょう。ちなみに、ワークは人間関係をよくするためのものではありません。あくまでもあなたの考えに取り組むためのものです。その自然な結果としては、相手との関係がよくなることが多いといえますが。ワークはあくまでも自分にとっての真実を探求することから、自然に展開していきます。特定の目的や効果を求めると、素直に探求することが難しくなるのです。

ケイティは、「現実は自分が考えたよりも優しい」と言います。実際、不安に満ちた思考が増殖すると、その内容は、最悪の事態までも予測し、過酷なものになりがちです。現実がどんなに大変な状況でも、自分の考えよりも優しい可能性を見つけることができないでしょうか？　ただ、ワークは無理に自己納得するものではありません。ご自身で探求してみて下さい。

二〇年以上にわたり、効果的な心理学の考え方や手法を一般の方々にわかりやすく紹介してきた私たち訳者にとっても、ワークとの出会いは大きなインパクトがありました。シンプルな手法であるにもかかわらず、短期間で効果を実感できるため、反響が大きかったのです。現在は、一般向けのワークショップから、企業研修や経営者のコーチングまで、幅広い分野でワークを紹介しています。ワークを通じて、失恋し、心に深い痛手を負った女性が、自分自身の力を取り戻していったり、部下との関係に悩む経営者が、自分自身の傾向に気づき、率直な関わりができるようになったりしました。また、別の経営者も、今後の方向性に関して、可能性を制限している考えに取り組むことで、頭と心がクリアになり、よりよい判断ができたと報告しています。ワークとの出会いから今に到るまで、その可能性の大きさに魅せられ続けています。

そしてケイティワークは、私たち自身、個人的にも仕事でもよく使っています。「4つの質問と置き換え」という正式な形で行う場合もありますが、ストレスを生む考えが出てきた時に、「本当でしょうか？」という問いかけが自分の中に自然に出てくるだけでも違います。対応が難しいと感じる相手に対し、メールを書いたり、電話をかけたりする前にジャッジすることができます。それにより、クリアな気持ちで相手と関わることができるのです。また、まさに本書の「生老病死」の章の作業をしている最中に、私たち訳者にとって大切な人を看取ることになったのですが、ケイティの言葉は深くリアルに心に響き、支えになってくれました。

本書の原題は、*"Question Your Thinking, Change the World"*（考えに問いかけ、世界を変えよう）です。ストレスや苦しみの元となっている考えに取り組むことで、世界がより平和で喜びにあふれた場所になるようにという願いが込められています。そしてケイティは、世界を変えるには、いつも自分に取り組むことから始める必要があると言います。自分自身がクリアで、異なる考えの人たちにも心を開いていられることによって、効果的に世界と関わることができるのです。ガンジーが言っていたように、「世界に望む変化に、あなた自身がなりなさい」ということです。そして今の時代を生きる私たちには、「ワーク」という、具体的で効果的な方法があるのです。

ワークは、目の前の問題や課題に取り組むためにも役立ちますが、継続的に実践することで、人生全般にわたって不安や恐れが減り、ストレスに強くなります。自分を制限しているビリーフから解放されることで、クリアに考え、選択し、主体的な行動がとれるようになります。それは、新しい関わり方や問題解決のしかたを生み出します。心の平和や喜びが持続し、創造性や生命力があふれます。自分自身の成長を感じられるようになるのです。

最後になりますが、本書の刊行に当たり、いつも迅速かつ丁寧に対応していただき、膨大な翻訳作業において心強い存在であるダイヤモンド社の佐藤和子さん、そしてこの本の可能性をいち早く見出し、応援して下さった同社の渡辺考一さんに深く感謝申し上げます。また、長期にわたる翻訳作業を支えたのは、ワークに取り組む皆さんの素晴らしい変化であり、ワークの可能性を理解し、応援して下さっている皆さんが本書の刊行を楽しみに待っていて下さることでした。心からの感謝を捧げます。

二〇一三年六月

ティム・マクリーン

「ワーク」に関する情報

バイロン・ケイティの「ワーク」について詳しい情報をお知りになりたい方は、公式サイトwww.thework.com/nihongoをご覧下さい。

また、ワークのやり方については、本をお読みになり、ひとりで実践することもできますが、本格的な効果を感じるために、ワークショップなどでワークを体験することもお勧めします。ワークショップにおいては、ワークについて、最新のやり方や効果的に行うコツ、活用方法を詳しく説明します。また、公認ファシリテーターが公開セッションを行ったり、全員の方にペアワークでワークを実際に体験していただきます。質問をしてくれる相手がいることで、ワークに集中しやすくなり、答えを声に出して相手に言うことも、効果を高めます。

ワークショップの他にも、公認ファシリテーターによる「ワーク・ヘルプライン」という、電話かスカイプによる無料セッションを提供しています。詳しくは、下記お問い合わせ先をご覧下さい。

〔お問い合わせ先〕

有限会社シープラスエフ研究所

電話＆ファクス：0557-54-7522
Eメール：cf@transpersonal.co.jp
ホームページ：http://www.transpersonal.co.jp

［著者］

バイロン・ケイティ（Byron Katie）

1986年に「現実に目覚める」体験をして以来、世界31言語、数百万もの人々にワークを紹介。公開イベントの他、ビジネス、大学、学校、教会、刑務所、病院などで活動している。著書に、全米ベストセラーの『ザ・ワーク』（ダイヤモンド社）、『探すのをやめたとき 愛は見つかる』（創元社）など。

ウェブサイト www.thework.com/nihongo

［訳者］

ティム・マクリーン（Tim McLean）

有限会社シープラスエフ研究所代表取締役。バイロン・ケイティ・ワーク公認ファシリテーター。エニアグラム研究所公認講師。かいクリニック顧問。テンプル大学大学院修士課程修了。

高岡よし子（たかおか・よしこ）

有限会社シープラスエフ研究所取締役。バイロン・ケイティ・ワーク「スクール」修了。エニアグラム研究所認定ファシリテーター。かいクリニック顧問。国際基督教大学卒。

訳者二人の共著に、『エニアグラム　自分のことがわかる本』（マガジンハウス）、共監訳に『ザ・ワーク』（ダイヤモンド社）、共訳に『エニアグラム　あなたを知る9つのタイプ』（角川書店）他。ウェブサイト　www.transpersonal.co.jp

新しい自分に目覚める4つの質問

――ストレスや苦しみから自由になれる「問いかけ」の力

2013年7月11日　第1刷発行

著　者――バイロン・ケイティ
訳　者――ティム・マクリーン＋高岡よし子
発行所――ダイヤモンド社
〒150-8409　東京都渋谷区神宮前6-12-17
http://www.diamond.co.jp/
電話／03・5778・7232(編集)　03・5778・7240(販売)
装丁――――長坂勇司(ナガサカデザイン)
製作進行――ダイヤモンド・グラフィック社
印刷――――八光印刷(本文)・共栄メディア(カバー)
製本――――宮本製本所
編集担当――佐藤和子

ISBN 978-4-478-00492-0